KB248936

새싹에서 씨앗으로 자라나는
차암 좋은 혁신학교

새싹에서 씨앗으로 자라나는 차암 좋은 혁신학교
순환하는 배움, 열매 맺는 10년의 자취

초판 1쇄 인쇄 2025년 11월 24일
초판 1쇄 발행 2025년 12월 5일

지은이 천안차암초등학교 교육가족
펴낸이 김승희
펴낸곳 도서출판 살림터

기획 정광일
편집 송승호·이희연·조현주
디자인 유나의숲

인쇄·제본 (주)신화프린팅
종이 (주)명동지류

주소 서울 양천구 목동동로 293, 2215-1호
전화 02-3141-6553
팩스 02-3141-6555

출판등록 2008년 3월 18일 제313-1990-12호
이메일 gwang80@hanmail.net
블로그 https://blog.naver.com/salimterbook
한국교육연구네트워크 https://www.kednetwork.or.kr

ISBN 979-11-5930-343-2(03370)

* 책값은 뒤표지에 있습니다.
* 잘못된 책은 바꾸어 드립니다.
* 이 책은 저작권법에 따라 보호를 받는 저작물이므로 무단 전재와 복제를 금합니다.

새싹에서
씨앗으로
자라나는
차암 좋은 혁신학교

순환하는 배움, 열매 맺는 10년의 자취

천안차암초등학교 교육가족

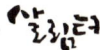

'사람'을 기억하는 기록, 미래를 밝히는 등불

김지철(충청남도교육감)

학교의 시간은 매일 울리는 종소리 속에서 켜켜이 쌓입니다. 스쳐 지나가는 하루들이 모여 길이 되고, 그 길이 어느새 한 세대의 기억이 됩니다. 천안차암초등학교가 펴내는 이 기록은 바로 그 시간의 결을 담담하고 성실하게 보여 줍니다. 무엇이 옳은가를 목청 높여 말하기보다, 어떻게 걸어왔는가를 성실히 보여 주는 태도, 그 점에서 이 책은 교육의 본령을 다시금 되새기게 합니다.

저는 이 기록에서 몇 가지 귀한 힘을 보았습니다. **첫째는 학생을 중심에 두는 시선**입니다. 교실에서 시작된 작은 변화들이 아이들의 하루를 바꾸고, 그 하루가 다시 학교의 방향을 바꾸어 왔다는 믿음이 책 전반에 깔려 있습니다. 질문이 오가고, 생각의 이유를 나누며, 서로의 다름을 배우는 장면들이 교사의 언어와 학부모의 목소리, 아이들의 기억을 통해 자연스럽게 전해집니다. 거창한 구호보다 배움을 향한 손짓이 먼저 눈에 들어옵니다.

둘째는 함께 만드는 문화입니다. 동료와 더불어 수업을 고민하고, 학부모와 손을 맞잡고, 지역과 길을 잇는 일. 학교가 혼자 서지 않고 공동체 속에 뿌리내리려는 마음이 곳곳에서 확인됩니다. 함께 의논하고 함께 결정한 약속은 느릴 수 있지만, 그 느림이 신뢰를 낳고 신뢰가 다시 참여를 부른다는 사실을 이 책은 설득력 있게 보여 줍니다. 학교는 그렇게 '우리'가 됩니다.

셋째는 꾸준함의 힘입니다. 좋은 날에도 어려운 날에도 방향을 잃지 않기 위해 필요한 것은 화려한 이벤트가 아니라 매일의 원칙을 지키는 성실함입니다. 수업을 앞세우고, 기록을 남기며, 다음을 더 낫게 만들려는 마음이 해를 건너 이어졌기에 오늘의 귀한 결실이 가능했다고 봅니다. 교육에서 꾸준함은 곧 품격입니다.

무엇보다 이 책이 소중한 이유는, 성과를 나열하기보다 사람을 기억한다는 점입니다. 교실을 지킨 교사들의 땀, 학교를 믿고 동행해 주신 학부모님의 응원, 서로 배우며 자라 온 아이들의 눈빛, 보이지 않는 곳에서 뿌리를 지켜 주신 많은 분의 노고가 고스란히 새겨져 있습니다. 이름보다 마음이 먼저 읽히는 기록, 그것이야말로 지역 교육의 가장 큰 자산입니다.

이제 우리는 다음 시간을 바라봅니다. 학교 앞마당의 계절이 변하듯 교육 환경도 빠르게 변하고 있습니다. 인공지능과 디지털 전환, 돌봄과 안전, 지속가능성과 시민의식, 어느 것 하나 가벼이 여길 수 없습니다. 그렇기에 더더욱 학교의 중심은 교실이어야 하며, 교육의 중심은 학생이어야 합니다. 천안차암초등학교가 걸어온 지난 시간은 이 당연한 명제를 당위가 아니라 실천으로 증명해 왔습니다. 저는 그 축적이 앞으로의 10년을 밝히는 가장 든든한 등불이 되리라 확신합니다.

이 책을 통해 우리 학교들이 서로의 경험을 배우고, 각자 여건에서 실천 가능한 길을 찾게 되기를 바랍니다. 교육은 비교의 경주가 아니라 방향의 합의입니다. 서로의 길을 존중하고, 학생의 성장을 중심에 두며, 공동체와 함께 걸을 때 공교육은 더 단단해집니다.

끝으로, 이 기록을 위해 애써 주신 모든 분께 깊이 감사드립니다. 아이들의 오늘을 보듬고 내일을 준비하는 천안차암초등학교 가족 여러분께 경의를 표합니다. 학생들에게는 배움의 즐거움이, 교원들에게는 전문성의 자부심이, 학부모와 지역사회에는 학교와 함께 성장하는 기쁨이 더해지기를 진심으로 기원합니다. 앞으로도 변함없이 응원하겠습니다.

천안차암초등학교 전경

"미래지향 공교육 정상화 모델학교"

10년이라는 시간은 결코 짧지 않습니다. 그 세월 동안 우리 학교는 공교육의 새로운 가능성을 열어 보이기 위해 쉼 없이 달려왔습니다. 처음 혁신학교라는 이름을 걸고 출발할 때만 해도, 학교를 조금 더 따뜻하게, 조금 더 민주적으로 바꿔 보자는 마음이었을 것입니다. 그러나 지나고 보니, 그 길은 한국 교육의 미래를 앞당겨 보는 실험이자 도전이었고, 공교육 정상화를 향한 의미 있는 여정이었습니다.

1. 교육과정·수업·평가의 혁신

무엇보다 중요한 것은 교실의 변화였습니다. 교실이 변하지 않으면 학교가 변했다고 할 수 없다고 생각했기 때문입니다. 아이들이 스스로 배우고, 자기 목소리를 내고, 삶과 연결되는 배움을 경험해야 진짜 교육이 이루어진다고 믿었습니다.

그래서 우리는 핵심역량 기반 교육과정을 도입했습니다. 단순히 교과서 내용을 따라가는 게 아니라, 아이들이 살아가는 데 꼭 필요한 역량을 키우도록 교육과정을 새롭게 짰습니다. 덕분에 교실에서는 단순한 지식 암기가 아니라, 문제를 해결하고 친구와 협력하고 자기 생각을 말하는 수업이 늘어났습니다.

배움 중심 수업은 혁신학교의 가장 큰 특징 중 하나입니다. 교사가 일방적으로 지식을 전달하는 게 아니라, 아이들이 참여하고 탐구하면서 배우는 수업입니다. 처음에는 교사들도 낯설고, 아이들도 힘들어했지만, 시간이 지나면서 교실 분위기가 달라졌습니다. 아이들은 질문하고 서로의 생각을 나누며 배우는 과정에서 자신감을 얻었습니다.

평가도 바꿔야 했습니다. 점수로 아이들을 줄 세우는 방식에서 벗어나, 아이들이 어떤 과정을 거쳐 성장했는지를 가늠해 보는 과정 중심 평가를 도입했습니다. 그래서 교사와 학생이 함께 학습 과정을 기록하고 돌아보며 "내가 어디까지 왔고, 무엇을 더 노력해야 할까"를 함께 이야기할 수 있었습니다. 결과만이 아니라 과정까지 소중히 여기는 문화가 자리 잡으면서, 아이들은 점수보다 배움 자체에 더 집중하게 되었습니다.

2. 학교 운영체제 혁신

학교는 교실만 바뀐다고 해서 완전히 달라지지 않습니다. 운영 방식도 변해야 했습니다. 그래서 우리는 민주적 의사결정 체제를 만들기 위해 애썼습니다. 중요한 일들을 몇몇이 모여 정하는 게 아니라, 교사와 학부모, 학생들이 함께 논의하고 결정할 수 있는 구조를 세워 갔습니다. 처음에는 의견이 많아 시간이 오래 걸리기도 했지만, 그 과정을 거치면서 서로에 대한 신뢰가 커지고, 학교가 점점 더 투명하고 건강해졌습니다.

또한 학교 업무 최적화가 꼭 필요했습니다. 교사들이 수업보다 행정 업무에 지쳐 있는 현실을 바꾸지 않고서는 교육 혁신도 오래가기 힘들기 때문입니다. 그래서 불필요한 업무를 줄이고, 꼭 필요한 일은 효율적으로 처리할 수 있도록 시스템을 개선했습니다. 그 결과 교사들은 아이들에게 더 집중할 수 있었고, 학교 분위기도 한결 가벼워졌습니다.

무엇보다 소중했던 것은 직원협의 문화입니다. 직원협의를 통해 스스로 행사를 기획하고, 교사학습공동체가 함께 수업을 연구하며, 학부모 연석회의를 통해 학교 운영에 적극적으로 참여했습니다. '우리 학교는 장이나 교감만의 학교가 아니라, 모두가 함께 만들어 가는 곳이다'라는 인식이 조금씩 뿌리내렸습니다. 이 자치 문화는 학교를 더 주체적이고 살아 있는 공간으로 바꾸어 주었습니다.

3. 학교 교육력 강화

학교가 진정한 힘을 지니려면 교사와 마을, 학부모가 함께 성장해야 합니다. 그래서 우리는 전문적 학습공동체를 운영했습니다. 교사들이 스스로 배우고 연구하며 수업을 나누는 과정에서 교실은 더 깊고 풍성해졌습니다.

학교는 더 이상 울타리 안에 머무르지 않았습니다. 마을교육공동체와 손잡고 학생들이 교과서 바깥의 삶을 경험할 수 있도록 길을 열었습니다. 지역사회가 함께하는 교육은 학생들에게 살아 있는 배움의 장을 만들어 주었습니다.

무엇보다 중요한 것은 학교의 비전을 공유하는 과정이었습니다. 교사, 학생, 학부모가 같은 꿈을 꾸고 같은 길을 바라볼 때 학교의 힘은 배가됩니다. "이 학교에서 아이를 키우고 싶다", "이 학교에서 교사로 일하고 싶다"는 말을 들을 때마다, 혁신학교가 결코 허울뿐이 아님을 확인할 수 있었습니다.

돌아보면 지난 10년은 시행착오도 많았고 어려움도 적지 않았습니다. 새로운 시도를 할 때마다 걱정하는 목소리도 있었고, 때로 실패와 좌절도 있었습니다. 하지만 그 모든 과정이 결국 더 나은 학교, 더 나은 공교육을 향한 밑거름이 되었습니다.

혁신학교는 완성된 모델이 아닙니다. 오히려 앞으로 더 발전시켜야 할, 미래지향적인 학교의 초석이라고 생각합니다. 그래서 이 책은 완벽한 답을 내놓으려는 것이 아닙니다. 다만 우리가 어떤 고민을 했고, 어떤 시도를 했으며, 무엇을 배웠는지, 그 기록을 담담히 남기고자 합니다.

부디 이 기록이, 앞으로의 학교를 고민하는 모든 분께 작은 길잡이가 되기를 바랍니다. 아이들이 행복하게 배우고, 교사가 보람을 느끼며, 학부모와 지역이 함께하는 학교. 그것이 우리가 걸어온 길이자 앞으로도 걸어가야 할 길입니다. 공교육 정상화의 희망은 멀리 있는 게 아닙니다. 바로 지금, 우리 곁에서부터 시작될 수 있습니다.

2025년 가을

천안차암초등학교장 조동선

목
차

01

차~암 좋은 새로운 학교

김영주(전 수신초 교장)

준비와 만남 속에 살아진 삶

일상적인 수업에서 하루에 단 한 시간이라도 행복한 교사가 되고 싶었다. 아이들이 수업 시간에 "아하!" 하며 배움이 일어나고, "선생님, 계산 문제 하나만 더 내주세요." 하고 스스로 도전을 청하는 모습에서 교사의 보람을 느꼈다. 그 아이들과 늘 함께하고 싶었다.

그러나 학교 문화 전체가 바뀌지 않는다면, 올해 행복했던 아이들도 다음 해에는 행복을 잃고 만다. 1학년 때는 '삶을 가꾸는 일기쓰기'를 하다가도 2학년이 되면 '맞춤법을 정확히 써야 하는 일기쓰기'로 변해버린다. 그렇게 되면 삶을 가꾸는 글쓰기는 이어지지 않는다. 교사와 학생 모두 배우는 일이 즐겁고, 학교가 행복한 놀이터가 되려면 우리는 무엇을 실천해야 할까? 나는 그 질문 앞에 섰다. 그리고 새로운 학교를 꿈꾸는 교사 모임 '새꿈'을 꾸리고, 교육청 지원금으로 모임을 시작했다.

교사로 살면서 17년 동안 많은 죄를 지었다. 수업을 깊이 고민하기보다 이벤트형 학급 운영에 치중했기 때문이다. 아이들과 마음을 나누는 일기 쓰기, 겪은 일을 기록해 학급문집을 만드는 활동은 즐거웠지만 정작 수업은 교과서 중심에서 벗어나지 못했다. 학교와 교실은 점점 답답해졌고, 숨이 막혔다. 그러나 2002년부터 7년 동안 작은 학교에서 뜻이 비슷한 동료들과 학교 교육과정을 고민하고 실천해 보면서 조금씩 변화를 경험했다. 수업 시간이 행복해지기 시작한 것이다. 학교가 존재하는 가장 중요한 이유는 바로 아이들이 학교에서 배우는 즐거움을 맛보게 하는 것이다. 다양한 경험을 통해 호기심을 자극하고, 서로를 존중하는 법을 배우는 곳이 학교여야 한다.

아이들과 교사가 함께 가고 싶어 하는 학교, 학부모가 안심하고 보내고 싶어 하는 학교에서 살아본 경험을 바탕으로 신설학교 발령을 신청했다. 기득권이 없는 신설학교야말로 교사와 관리자가 함께 새로운 학교 문화를 만들어 갈 수 있는 좋은 기회였다. 그래서 함께하고 싶던 유강열 교장선생님께 전화를 걸었다.

"차암초에서 학생, 교사, 학부모가 행복한 학교를 만들고 싶은데, 교장선생님께서 이끌어 주십시오."

선생님은 단 1초의 망설임도 없이 "좋다."고 응답해 주셨다.

주위 여러 선생님의 도움으로 신설학교 준비모임이 꾸려졌다. 교장선생님께서 겸직 발령을 받으면서 2015년 1월 5일부터 열 차례 준비모임이 열렸다. 한 번 모이면 다섯 시간에서 열 시간씩 깊은 논의가 이어졌다. 그 첫 모임에서 나는 준비모임 교사들에게 물었다.

"왜 힘들다고 하는 신설학교를 선택했습니까?"

- 유ㅇ열 교장선생님: 거센 바람에도 흔들림 없는 큰 나무처럼 열심히 하는 선생님들의 울타리가 되고 싶다. 신설학교 힘들겠지만, 다양한 문화와 전통이 이어지는 학교를 만들고 싶다. 열심히 하는 선생님들과 함께한다면 보람이 크리라 믿는다.
- 장ㅇ: 다온 공부모임에서 동료들의 영향을 받았다. 생각과 말로만 하던 학교를 이제는 몸으로 실천해 보고 싶다.
- 공ㅇ숙: 서로 성장하는 학교에서 일하고 싶다. 자발적 고생이 주는 보람을 느끼고 싶다.
- 안ㅇ옥: 그동안 교사로서 행복하지 않았다. 연수를 통해 교사와 아이들이 함께 행복하고 성장하는 학교에서 일하고 싶었다. 자발적 고생 뒤에 찾아오는 보람을 느끼고 싶다.
- 조ㅇ빈: 열심히 하는 교사였지만 늘 답답했다. 너무 머리로만 했지 마음으로 하는 게 무엇인지 알지 못했다. 나만 바뀌어서는 안 된다. 우리 모두가 바뀌는 학교, 내 딸이 다닐 좋은 학교를 만들고 싶었다. 삶에는 마디가 있어야 한다고 믿는다.
- 김ㅇ균: 진보와 보수보다 더 중요한 것은 철학이다. 부당함에 맞서 싸우는 데는 가치가 있다. 기존 학교에서 관리자가 부당하게 하는 모습을 보며 힘들었다. 부당함을 참을 수 있는 사람은, 자신이 높은 자리에 오르면 부당함을 저지르기 쉽다.

그리고 모두가 이렇게 덧붙였다.

"우리는 민주적인 공간에서 삶의 힘을 키우고, 자기 존재감을 느끼며 살고 싶다. 배우고 나누며 함께 성장하며 행복을 느끼는 학교를 꿈꾼다. 나와 관점이 다른 동료직원에게는 감동을 주어 마음을 움직이게 해야 한다. 우리 학교 문화에 적응할 때까지 기다려 주자. 몸으로 보여 주자. 서두르지 말고, 협의하고 합의하면서 함께 가자. 상대를 존중하며 기다리는 것, 그것이 아이들이나 어른들이나 관계 맺기에서 가장 중요한 일이다."

차암초 학교 철학을 어떻게 할까?

우리는 새로운 학교의 철학을 세우기 위해 하나하나 깊은 논의를 이어갔다.

• 우선, 소수를 위해 경쟁시키는 모든 학교 대회—영어, 독서, 과학, 선행상, 글짓기, 그리기—를 없애기로 했다. 그러나 소질 있는 아이가 스스로 대회에 나가려 하면 어떻게 해야 할까? 또 교사가 인사이동 시 필요한 경력을 쌓기 위해 대회 준비와 참여를 요구하면 어떻게 할 것인가? 이 문제는 폐지 여부를 넘어, 진지하게 고민하고 토의해야 할 주제였다.

• 다음은 교무업무 문제. 교무업무전담팀을 새롭게 꾸릴 것인가, 기존 체제를 유지할 것인가? 교무행정사가 없는 상황에서 업무를 어떻게 나눌 것인가가 중요한 과제였다. 결론은, 교무업무전담팀을 반드시 두자는 것이었다. 부장 중심으로 행정 업무를 처리하고, 다른 교사들은 오롯이 수업과 학급운영에 전념하게 해야 한다는 원칙이다.

• 교무실과 행정실 통합 문제도 논의되었다. 처음부터 갈등을 일으키며 통합을 추진하는 것은 무리가 있었다. 그래서 1학기 동안 분리 운영을 하되, 여름방학 이후 함께 지내며 경험을 쌓은 뒤, 2016년에 충

분한 협의를 거쳐 최종 결정을 내리기로 했다.

• 또한 교무업무 전반을 철저히 분석하여 불필요한 부분은 과감히 덜어내기로 했다. 시교육청 대회, 도교육청 대회를 어떻게 할지도 중요한 논점이었다. 우리는 선발과 경쟁 중심의 대회는 원칙적으로 폐지하기로 했다. 아울러 이동 점수와 연결되는 교육감·교육장 표창 제도도 폐지해 달라고 건의하기로 했다. 이런 변화는 학부모에게 교육과정 설명회를 통해 충분히 설명하고 설득해야 했다. 졸업식의 대외상도 없애고, 성적순으로 등수를 매기는 졸업사정 관행 역시 없애기로 했다. 학교 홍보를 명목으로 들어오는 업자들의 활동도 차단하기로 했다. 조회는 학년군별로 월 1회 정도, 학생 주도형으로 진행하기로 했다. 각종 학교 행사를 기획할 때는 학생들의 의견을 반영하고, 평가 방식 변화도 함께 고민하기로 했다. 등교 시간은 8시 50분까지 자리에 앉는 것을 기준으로 하고, 1교시는 9시 10분에 시작하며 쉬는 시간을 30분으로 늘리자는 의견도 모아졌다.

이처럼 치열한 논의와 합의를 통해 우리는 학교의 비전, 철학, 교육 지표, 교육목표를 하나하나 세워 갔다. 그렇게 준비모임 교원 모두가 발령을 받게 되었다. 전체 교사 20명 중 30%는 준비모임에서 함께해 온 교사들이고, 나머지 70%는 본인의 희망에 의해 왔거나 타 시·군에서 전입한 교사, 그리고 새내기 교사 네 명으로 구성되어 3월을 맞이하게 되었다.

힘들었고 뿌듯한 날들

어수선한 신설학교에서 입학식을 준비한다는 것은 참으로 벅찬 일이었다. 그러나 우리 선생님들은 저마다 마음속 깊은 곳에서 좋은 생각들을 꺼내 모았다. 아이들과 학부모, 그리고 교사들 모두가 함께 눈물 나도록 감동적인 입학식을 만들어 냈다.

"얘들아, 기다렸단다. 학교는 참 즐거운 곳이란다."

이 한 문장이 적힌 펼침막만 보아도, 우리 선생님들이 아이들을 얼마나 소중히 여기고 있는지 느낄 수 있었다. 입학식 날, 이 문장을 바라보며 가슴이 뜨겁게 울컥했다. 1학년 담임선생님들은 가면을 쓰고 노래와 춤을 곁들여 축하 노래를 불렀고, 또 다른 선생님들은 함께 율동을 하며 아이들을 맞이했다. 그 순간은 비디오에 녹화되어 있다.

아무것도 없는 자리에서 무언가를 새롭게 만들어 간다는 것은 교감인 내게는 몸은 덜 힘들었으나 마음은 몹시 무거운 일이었다. 그러나 우리 선생님들은 몸과 마음 모두가 힘든 상황에서도 기꺼이 감내했다. 자발적 고생을 선택한 선생님들은 누가 시키지 않아도 알아서 움직였고, 과학 전담을 맡은 교무 선생님은 학부모나 저학년 아이들로부터 '일하는 아저씨'로 불릴 만큼 열심히 뛰어다녔다. 발령받아서 오게 된 선생님들도, 몸으로 실천하는 동료들을 보며 자연스럽게 따라 열심히 하게 되었다.

동료성과 자발성은 정말 놀라운 힘을 발휘했다. 누구의 지시가 없어도 밤늦게까지 남아 교육과정을 재구성했고, 주말에도 자발적으로 나와 프로젝트 수업을 준비했다. 모두가 주인이라는 마음으로 새로운 학교를 만들기 위해 온 정성을 다했다.

아이들과 함께 텃밭을 가꾸고 싶다는 선생님들의 열정도 막을 수 없었다. 최나영 선생님은 성환에 사시는 아버지와 친구분에게서 트랙터를 빌려와 단단한 땅을 갈아엎었다. 기계가 아니면 도저히 텃밭을 낼 수 없었기 때문이다. 1학년 아이들과 감자와 고구마를 심어 기르고 돌봤다. 운동회 날, 아이들을 집으로 돌려보낸 뒤 퇴근하라고 했는데도 몇몇 선생님들은 화단 옆 자투리땅을 5시간 넘게 파서 밭고랑을 만들었다. 그 덕분에 아이들은 오이도, 고추도, 방울토마토도 키우며 식물의 한살이를 배우고 경험할 수 있었다.

2015년 7월 13, 14일에는 1학기 교육과정 평가회가 열렸다. 밤 10시까지 학급과 학년에서 운영한 프로젝트 수업 사례를 동영상과 보고서로 함께 보며, 교사들은 뿌듯해하기도 하고 울컥하기도 했다. 프로젝트 수업이 처음이라 부족함을 절실히 느낀 교사들은 2학기에는 더 철저히 준비해 더욱 잘해내겠다고 다짐했다.

그동안 교무회의에서는 주로 나와 준비모임에 참여했던 선생님들이 발언을 이끌었고, 새롭게 합류한 선생님들은 듣기만 하는 경우가 많았다. "아무리 발언하려 해도 입이 안 떨어진다."라고 말하곤 했다. 혹시 잘못 말했다가 망신당하거나, 발언에 책임져야 하는 부담 때문이다. 그러나 그날만큼은 달랐다. 모든 교사가 주저 없이 자기 생각을 말했고, 그 과정에서 뿌듯함과 보람을 느꼈다. 물론 느닷없이 발령받아 차암초에 오게 된 한 선생님은, 그동안 무엇을 어떻게 해야 할지 몰라서 겪었던 설움이 북받쳐 눈물을 흘리기도 했다.

신병 훈련처럼 진행되는 교사 연수

우리 학교는 교사 연수를 정말 많이 했다. 자발적으로 꾸린 교사학습 공동체 외에도, 혁신학교 경험을 듣기 위해 보평초 허승대 선생님, '영화 읽기' 윤희윤 선생님(월 1회), '몸짓으로 배우는 초등 수학' 정경혜 선생님, '코칭형 교사 되기' 이유남 선생님, '배움의 공동체 수업사례 나누기' 박성애 선생님을 차례로 초대했다. 정미리 교수님의 발도르프 연수도 월 1회 진행했다.

연수에 참석하지 않는 선생님이 있으면 교실로 찾아가서, 특별한 사정이 아니라면 꼭 함께하자고 했다. 분명 부담스럽고 힘든 일이었을 것이다. 그럼에도 부족하다고 느껴, 교육청 지원을 받아 주말마다 수업 혁신 연수를 열었다. 대부분 교사들이 교육청에서 주관하는 30시간짜리 수업 혁신 연수를 이수했다. 그것도 모자라 희망하는 교사들만 모여, 6월부터는 매주 글쓰기 연수를 교내에서 이어 갔다. 발도르프 교육을 실천하는 김용근 선생님께는 칠판그림 수업을 배우기도 했다.

이렇게 많은 연수가 가능했던 것은, 유강열 교장선생님께서 끝까지 함께 배우며 우리를 지원해 주셨기 때문이다. 교사들이 하고자 하는 일을 믿어 주시고, 지지해 주시고, 아낌없이 지원해 주셨다. 그 덕분에 아이들과 학부모가 행복해하는 학교를 만들어 갈 수 있었다.

차암초 이사장 별칭을 얻은 상균

새로운 학교를 꿈꾸며 준비모임을 할 때부터 그는 차암초 곳곳을 살펴보았다. 발령 난 후에는 아침 일찍부터 저녁 늦게까지 학교를 돌아다니며 부족한 점들을 채워 갔다. 정보업무와 교무업무는 경험 없는 이들이 하기 어려운 영역이다. 큰 시설은 행정실에서 맡았지만, 교사에게 필요한 사무용품, 과학실, 교무실, 학년군별 연구실, 컴퓨터실, 방송 및 시청각실 시설 정비 등은 '만능 맥가이버'라 불린 선생님이 도맡아 처리했다. 그는 관리자보다 더 세심하게 학교 일을 챙겼다.

모든 교실에 컴퓨터를 설치하고 정보시설을 정비하는 일은 전문업자들이 맡았지만, 교사가 모른 척하거나 점검하지 않으면 문제가 생길 수밖에 없었다. 스스로 알아서 처리해 주는 그 선생님 덕분에 큰 도움을 받았다.

3학년 프로젝트 수업에서는 아이들과 함께 병아리를 부화시켰다. 알을 깨고 나오는 순간을 집에서도 볼 수 있도록 카메라를 설치했다. 병아리기 태어나는 모습을 본 아이들은 흥분했고, 다음 날 아침 일찍 학교에 달려왔다.

5, 6학년 프로젝트로는 닭장 짓기를 했다. 30도가 넘는 땡볕 아래서 아이들과 닭장을 지으며 행복해했다. 아이들이 토끼를 키우고 싶다고 하자 함께 토끼장을 만들었는데, 두 마리였던 토끼는 어느새 수십 마리로 늘어났다. 사료를 마련하는 것도 만만치 않은 일이지만, 그 과정에서 교사와 아이들 모두 공동의 일을 함께하며 동료성이 싹텄고, 수업을 고민하고 협의하는 문화가 자리 잡기 시작했다.

고학년 야영은 독립기념관 야영장에서 진행했다. "텐트 치고 밥도 해 먹어야 한다."는 취지였다. 학교에 텐트가 없어 먼저 근무했던 학교에서 빌려왔다. 아이들은 텐트를 치고 밥을 해서 먹는 체험을 했다. 모기에 물리면서도 친구들과 장기자랑을 준비하고 발표하며 즐거운 시간을 보냈다. 그러나 다음 날, 아이들을 너무 고생시켰다며 학부모 한 분에게 항의를 받기도 했다. 씁쓸한 날이었다.

에세이 같은 교육과정을 만들어 낸 장군

"구슬이 서 말이라도 꿰어야 보배다."

그는 구성원들과 나눈 의논과 협의를 들꽃처럼 빛나는 교육과정으로 엮어냈다. 부산교대 심성보 교수님은 이를 보시고 "에세이 같은 교육과정을 처음 본다."라며 감동을 표현하셨다. 10년이 지난 지금도 그 명맥을 이어가는 후배 교사들이 고맙기만 하다. 개교식 때 제작한 프레젠테이션도 수준 높게 완성되어 보는 이들을 감동시켰다.

6학년 담임 시절, 그는 학교 뒤 베란다에 아이들과 함께 프로젝트 수업으로 '카페'를 만들었다. 수학 공부를 어려워하던 아이들도 길이와 높이를 재고, 카펫을 자르며 환하게 웃었다. 쉬는 시간에는 카페에 모여 수다를 떨고 차를 마시며 웃음꽃을 피웠다. 아이들이 뭔가를 스스로 해볼 기회를 주는 선생님이었다.

아이들이 졸업한 후 카페는 다른 공간으로 바뀌었지만, 그 경험은 아이들의 가슴 속에 남았다. 여름 계절체험학습으로 진행한 〈신데렐라〉 연극도 잊을 수 없다. 외부 전문가의 도움 없이 담임교사들의 지도만으로 완성된 공연은 학부모와 모든 관람객을 깊이 감동시켰다.

그림책으로 아이들을 품은 윤숙

차암초 준비모임 때, 교표와 교훈을 생각해 오라는 숙제가 주어졌다. 나는 바쁘다는 핑계로 준비하지 못하고 모임에 참석했다. 성실한 선생님만 과제를 해왔고, 그 결과를 바탕으로 교표와 교훈을 정할 수 있었다.

그 선생님은 아침마다 아이들을 맞으며 그림책을 읽어 주었다. 교사가 되기 위해 태어난 듯, 아이들을 따뜻하게 가르치고 사랑으로 품었다. 큰소리 내지 않고 조용조용했지만, 아이들은 무엇이 옳고 그른지 분명히 알았다. 부드러움과 단호함을 함께 지닌 선생님이었다. 교장선생님이 특별히 신뢰하신 분이기도 하다.

동학년 새내기 박미래 선생님은 "가장 존경하는 선생님"이라고 고백했다. 늘 친절하고 부드럽게 대하며, 아이들을 바라보는 관점과 교사로서 지녀야 할 철학을 몸소 보여주었기 때문이다.

그는 교육과정과 수업을 함께 고민하고, 프로젝트 수업을 기획해 진행했다. 프로젝트로 진행한 체험학습과 수업 장면은 사진으로 남겨 동영상으로 공유했다. 선배 교사답게 중추적 역할을 하면서도 자신을 드러내지 않고 온몸으로 실천했다.

특히 '아프리카에 빨간 염소 보내기 운동'이 인상 깊다. 3학년 아이들이 옥상 텃밭에 채소를 가꾸어 교직원에게 판매했고, 그 돈으로 염소 몇 마리를 사서 보냈다. 아이들의 마음이 고스란히 담긴 감동적인 활동이었다.

2016년 11월, 3학년 아이들은 동치미를 담갔다. 복도 베란다 한쪽에 초가지붕을 세우고, 흙을 파서 항아리를 묻었다. 베란다에 작은 장독대가 만들어졌다. 한 달 후, 아이들이 담근 동치미가 시원하게 익었다. 아이들은 동치미와 팥죽을 함께 맛있게 먹었다. 덕분에 나도 오랜만에 동치미 국물과 팥죽을 얻어먹을 수 있었다.

오케스트라 활동으로 악기 영재를 찾아낸 진홍

그는 본인의 희망으로 차암초에 온 교사다. 절대음감을 지닌 덕분에 오케스트라 지도를 탁월하게 해냈다. 담임 업무를 할 때보다 오케스트라를 지도할 때 더욱 행복해했고, 그 순간 가장 빛을 발했다.

우리는 대회에 나가 입상을 목표로 지독하게 훈련하는 방식을 원치 않았다. 대신, 아이들이 즐겁게 참여하고, 재능 있는 아이들이 마음껏 역량을 발휘할 기회를 주기로 했다. 물론 처음 배우는 과정은 쉽지 않았다. 힘들어하는 아이들도 있었고, 선생님도 욕심이 생겼다. 그럴 때마다 우리는 "결과보다 과정이 중요하다. 다그치지 말자."고 다짐했다.

늦가을에는 차암 음악회를 열었다. 무대 꾸미는 일도 교사들과 시설 주무관님이 직접 맡았다. 조명을 달고 전구를 설치해 멋진 무대를 완성했다. 전문 성악가도 초청했다. 드디어 아이들의 오케스트라 연주가 시작되었다. 지휘자 복장을 입고 지휘봉을 든 선생님은 어느새 멋진 예술가로 변신했다. 학생과 학부모, 지역 주민이 함께 즐기는 축제가 되었다.

차암 오케스트라 활동을 꾸준히 이어 온 한 아이는 졸업할 무렵 악기 영재로 선발되었다. 그는 예술 영재 학교로 진학할지, 일반 학교로 갈지 깊은 고민에 빠지기도 했다.

새내기 교사를 가장 훌륭한 교사로 끌어준 영옥

1학기가 끝나갈 무렵, 옆 반 새내기 교사가 담임을 맡은 아이가 체험학습 버스에 오르며 이렇게 말했다. "내가 지금까지 만난 선생님 중에서 가장 훌륭한 선생님을 만났어." 그 아이는 경험 많은 저학년 때의 선생님보다, 사랑과 열정을 다해 함께한 지금의 담임선생님이 더 좋았던 것이다.

사실 동학년 교사의 지원 없이는 새내기 교사 혼자 체험학습을 떠나기 어려웠다. 그러나 그는 늘 웃는 얼굴로 3학년 교육과정을 분석하고 재구성하여 아이들이 살아나는 프로젝트 수업을 기획하고 실천했다. 옆 반 교사와 함께 수업을 고민하고 준비할 때 그의 표정은 늘 행복해 보였다. 3, 4학년 교사들이 연구실에 모여 협의하던 모습도 참으로 예뻤다. 동료들과 생글생글 웃으며 다니는 모습은 지금도 눈에 선하다.

그는 교육과정을 분석하고 프로젝트 수업을 기획하느라 도서관 업무를 처리할 여유가 없었다. 도서관 리모델링이 1년 늦어졌다. 그러나 늘 아이들 수업을 어떻게 하면 더 좋을까 고민하고 준비했다. 그 덕분에 아이들은 학교를 즐거운 소풍처럼 느끼며 다녔다.

선생이 되어 행복하고 배움을 즐기는 현민

배우는 것을 좋아하고, 멈추지 않고 즐기며 실천하는 그는 아이들이 있어야 행복한 사람이다. 자신이 배운 것을 수업에 적용할 때면 교감인 나를 불러 수업 참관을 부탁했다. 교사가 스스로 수업을 보여주고 조언을 구하는 일은 흔치 않았다.

나는 좋은 연수가 있으면 빠짐없이 소개했다. 그는 교육철학을 다지는 연수, 수업 방법을 익히는 연수에 열심히 참여했고, 배운 것을 수업에 적극 적용했다. 디베이트 토론 수업, 몸짓으로 하는 수학과 교육연극, 발도르프 교육철학과 방법, 국어 교사 모임 참여까지. 그는 수업 공개도 부담 없이 해냈다. 아이들과 학부모의 만족도 역시 높았다.

그는 배우는 것을 즐기고, 일을 무서워하지 않는 젊은 교사였다. 나는 그에게 혁신학교 업무와 '학생성장발달책임제' 연구학교 업무를 맡겼다. 혁신학교 업무는 경력이 풍부하고 동료 교사들을 품어 안을 수 있는 중견 교사에게 맡겼어야 하나 하는 아쉬움도 있었다. 그러나 그는 연구학교 발표와 마무리를 훌륭하게 해냈다.

혁신학교에서 연구학교를 병행했지만, 연구학교의 구조적 한계를 뛰어넘기는 어려웠다. 우리는 정해진 틀에 얽매이지 않고 교사들이 자발적으로 나설 때만 진정한 지속 가능성이 있다는 것을 깨달았다. 연구 주제를 실행한 교사들이 학교를 떠나지 않고 그 연구를 지속할 수 있느냐라는 연구학교의 구조적 한계를 뛰어 넘기는 어려운 일이었다.

3대가 덕을 쌓아야 우리 아이 담임이 된다는 인혜

"아이들과 수업하기 위해 태어난 선생님 같다."는 소문을 들었다. 혁신학교가 되면서 초빙한 교사인데, 기대보다 훨씬 멋지고 훌륭한 분이다. 아이들과 수업할 준비가 끝나지 않으면 퇴근하지 않았다.

수학 공개수업 때, 깊은 감동을 받았다. 『몸짓으로 배우는 초등 수학』을 지은 정경혜 선생님만큼이나 아이들이 쉽게 이해할 수 있도록 수업을 했다. 그는 단 6시간의 연수만 받고도 책을 보며 실천으로 옮겼다. 보통은 수십 시간을 연수받아도 실천으로 이어가기 힘들다는데, 그는 달랐다.

수학 수업뿐만 아니라 모든 과목을 아이들이 이해하기 쉽게 만들기 위해 끊임없이 고민하고 또 고민했다. 그야말로 '수업의 달인'이라

할 만했다. 사회 수업 또한 동학년 교사들과 협의하고 의논하여 프로젝트 수업으로 풀어냈다. 아이들과 온돌을 만들고 아궁이를 만들어 전시했을 때, 사람들은 "이게 정말 3학년 작품이 맞아?"라며 놀라워했다. 이렇게 훌륭한 선생님들과 함께했기에, 나는 교직 생활에서 참으로 행복했다.

차암 좋은 도서관 프로젝트 TF 꾸리다

(최유경, 박진환, 오창진, 최나영, 이유진, 공윤숙, 강인혜, 안영옥, 장군, 김미정)

차암초 도서관을 새롭게 만들기 위해 10명의 교사가 TF 팀을 꾸렸다. 우리가 꿈꾸는 도서관의 모습은 분명했다.

"도서관은 책 놀이터!"

"정숙만 강요하는 곳이 아니라, 신나고 즐겁게 놀러 오는 곳!"

TF 팀 교사들은 도서관 선진학교와 어린이 도서관을 탐방했다. 박진환 선생님이 구해온 도서관 리모델링 사례 사진을 함께 보면서, 우리 학교 도서관의 청사진을 그려 갔다. 전국 초·중·고 도서관, 나아가 미국 도서관까지 새롭게 변신한 모습을 살펴보며, 우리 도서관이 어떻게 달라질 수 있을지 상상하고 토론했다. 선생님들의 열정과 헌신 덕분에 차암초 도서관은 마침내 멋지게 재탄생할 수 있었다.

옥상에 꽃밭과 텃밭을 가꾸고 싶어!

차암초에는 옥상에 꽃밭이 있었다. 그러나 학교 텃밭이 너무 좁아 전교생이 모두 참여하기는 어려웠다. 그래서 교무회의에서 "옥상에 텃밭을 만들면 어떨까요?"라는 제안이 나왔다. 불도저 같은 추진력의 최명석 선생님이 "내가 해보겠다."며 나섰다.

텃밭 조성 예산도 없는 상태였다. 먼저 밭 흙 5톤을 사 왔다. 문제는 그것을 옥상까지 올려야 하는 것이었다. 기계 힘을 쓸 수 없어 사람 손으로 날라야 했다. 최 선생님은 거산초 졸업생인 제자 두 명을 아르바이트로 불렀다. 그러나 대학생 두 명이 하루 종일 날라야 1톤도 채 옮기지 못했다.

수업을 마친 교사들이 플라스틱 딸기 상자에 흙을 담아 나르기 시작했다. 다음 날도 계속 옮겼지만, 흙더미는 여전히 산처럼 쌓여 있었다. 며칠을 이어가도 흙은 줄어들지 않았다. 결국 학부모님과 고학년 아이들에게 도움을 청했다. 학부모님과 아이들, 교사들이 며칠 동안 힘을 모아 흙을 날랐고, 마침내 옥상 텃밭이 완성되었다.

저학년은 운동장 귀퉁이에서, 3학년 이상은 옥상 텃밭에서 농사를 지었다. 흙과 거름이 좋아서, 또 아이들이 정성껏 가꾼 덕분에 농사는 대성공이었다. 3학년 아이들은 상추를 길러 판매했고, 그 수익으로 아프리카에 '빨간 염소'를 보낼 수 있었다.

물론 염려도 있었다. 아이들이 텃밭을 보러 옥상에 올라가다 안전사고가 날까 늘 조마조마했다. 담임교사와 함께 올라가야 한다는 원칙을 세웠지만, 지켜지지 않을 때도 있었다. 그럼에도 교장선생님은 우리를 믿고 지지해 주셨다. 그 든든한 믿음 덕분에 차암초는 '차암 좋은 학교'로 자리 잡을 수 있었다.

학교의 동반자 학부모와 함께 교육과정을

최정은, 김지혜 학부모 대표님과 학부모 연수 계획을 짰다. 학교는 교사와 학생, 그리고 학부모가 힘을 모으고 지혜를 발휘할 때 비로소 멋지게 운영된다. 나는 학생 수업 대신 학부모 수업을 담당했다.

매주 10~20명의 학부모가 모여 감정코칭 책을 읽고 사례를 나누었다. 보드게임 동아리와 교통안전 동아리도 함께 운영했다. 2년 동안 매주 수요일 오전에는 '감정코칭형 부모 되기 연수'를 열었다. 나는 감정코칭 전문 강사 자격을 막 취득한지라 진행이 서툴렀지만, 학부모님들은 아이 때 부모에게 받은 상처, 담임교사에게 받은 상처가 해소되었다고 했다. 아이들이 반항할 때 어떻게 대해야 할지 알게 되면서 갈등이 줄었다며 열심히 참여했다. 차암초를 떠날 때 학부모님들이 건네주신 감사패는 평생 잊을 수 없는 선물이다.

학부모가 학교 철학을 이해하고 교육과정을 지원할 수 있는 기틀을 마련하는 일도 중요했다. 학부모 대표단과 함께 전체 학부모 연수를 기획했다. KBS 라디오 '공부가 재미있다'에 출연한 평택대학교 차명호 교수, 경기도교육청 혁신정책관 이성대 교수, 부모교육 박사 1호 정미리 교수, 『엄마 반성문』의 저자 이유남 선생님, 밥상머리 교육 운동가 호서대 이기영 교수 등 많은 분을 초청해 특강을 열었다. 매월 한 차례, 저녁 7시부터 9시까지 진행했는데, 80여 명이 오실 때도 있었다. 나는 "이 정도 인원으로는 혁신학교를 유지하기 어렵다."며 꾸짖기도 했다. 교사들은 임기가 끝나면 옮겨야 한다. 결국 학교를 지켜내는 것은 학부모라는 점을 강조했다. 지금 돌이켜 보면 학생 수에 비해 많은 학부모가 참여해 주신 것이다. 차암초를 떠난 뒤, 학부모회가 모범적으로 운영된다는 소식을 듣고 얼마나 감사했는지 모른다.

준비모임 시절부터 우리는 장애아와 비장애아가 함께 어울려 살아야 한다는 신념을 품고 있었다. 그래서 특수반 학부모들을 찾아 나섰고, 간절한 마음이 전해져 우연히 연결되었다. 세 분을 찻집에서 만나 차암초등학교가 어떤 철학으로 운영될지 설명했다. 특수학급은 통학구역 제한을 받지 않기에 다섯 명이 전학 오기로 했다. 백석초 강당에서 열린 차암초 개교 설명회 때, 교육청 시설과에서 근무하시는 선생님께 특수학급 편성을 부탁드렸다. 원칙적으로는 불가능했지만, 교사와 학부모가 간절히 원하니 궁리해 보겠다고 하셨다. 다행히 2월 말, 특수학급이 편성되었고 장경희 특수교사께서 발령을 받았다.

그해 7월, 학교 운동장에서 가족 캠프를 열었다. 학부모회가 주관하고 학교와 교사가 지원하기로 했다. 학부모님들은 앞치마를 맞춰 입고 열심히 준비했다. 앎을 온몸으로 실천하는 멋진 광경이 펼쳐졌다. 아이들도 행복한 시간이었다. 스스로 밥을 해 먹고, 강당에서 촛불놀이와 다양한 게임을 했다. 보호자가 없는 아이들은 같은 반 학부모가 돌봐주었다.

3, 4학년군 프로젝트 수업은 벼농사였다. 고무통에 모를 심어 키웠다. 아이들은 물을 주며 벼가 자라는 모습을 관찰했고, 벼꽃 피는 장면도 처음 보았다. 타작 시기가 되자 농촌 어르신들이 도와주셨지만, 학부모의 힘도 필요했다. 아이들은 나락을 털고, 절구통에 찧어 왕겨를 벗겨내며 쌀이 태어나는 순간을 경험했다. 그 쌀로 밥과 떡을 만들어 부모님들과 나누어 먹었다. 온몸과 마음으로 배운 공부였기에, 아이들에게 학교는 즐거운 곳이었다. 소풍 날처럼 교문으로 달려 들어오는 아이들이 많았다.

힘든 아이는 우리 반으로

차암에서 1년을 보낸 뒤, 2년 차 담임 배정을 앞두고 나는 모든 담임이 연임으로 이어지기를 원했다. 반 편성을 할 때마다 교사들은 서로 이렇게 말했다. "그 보물은 내가 데리고 가야 해." 전입한 교사에게 힘든 아이를 맡기면 안 된다고 했다. 이런 따뜻하고 아름다운 풍경을 보며 가슴이 울컥했다.

대구에서 전입한 이유진 선생님은 차암초에서 일하며 많은 것을 배웠다고 했다. 혁신학교 근무 경험을 살려 수석교사가 되었고, 아산초에서 수석교사로서 수업 나눔의 역할을 훌륭히 수행하고 있다고 한다.

지면 관계상 함께했던 선생님의 이름을 다 소개하지 못해 아쉽다. 감동을 준 사례는 수없이 많다. 이름이 빠진 선생님들께 너그러운 양해를 부탁드린다.

새로운 학교를 꿈꾸며 시작한 지 10년이 지났다. 그동안 많은 구성원이 바뀌었지만, 차암초는 여전히 '차암 좋은 혁신학교'로 이어지고 있다. 이를 지켜 주신 교직원 선생님들과 학부모님들께 깊이 감사드린다. 차암초를 졸업한 아이들이 대학생이 되어 건강한 시민으로 살아간다는 소식을 들을 때마다 기쁨이 넘친다.

혁신학교라는 이름은 이제 옛말이고, '미래학교'라는 말이 더 자주 쓰인다. 그러나 학교의 본질은 변하지 않는다. 학교는 아이들과 교사가 함께 배우고 성장하며 기쁨을 맛보는 곳이다. 나는 진심으로 바란다. 차암 좋은 학교가 앞으로도 계속 이어지기를.

천안차암초
준비과정
2014년~2015년 1월

🐌 **1회: 경기도 혁신학교 남한산초와 보평초 방문(2014. 8. 22.)**

2014년 7월, 차암초등학교가 2015년 3월 1일 개교한다는 소식과 함께 학교 명칭 공모 공문이 도착했다. 나는 잠시 멈춰 서서 거산초를 처음 열던 시절을 떠올렸다. 그때 우리는 "승진 같은 거 하지 말고 아이들 가르치는 재미로 살자."라며 다짐했다. 그러나 2008년 1월, 나는 그 약속을 어기기로 마음먹었다.

교단에 선 지도 오래였지만, 언젠가 신설학교 교장이 되어 교사와 학생, 학부모 모두가 행복한 배움의 공동체를 세우고 싶었다. 동료들은 "좋은 교감은 될 수 있겠지만, 교육 운동은 하기 어렵다"라며 만류했으나, 박장진 교장선생님과 유강열 교감선생님은 "제2의 거산초를 만들라"며 강력히 응원해 주셨다.

2009년 부대초, 2012년 성남초로의 발령은 내게 많은 깨달음을 주었다. 학교 틀이 굳게 다져진 곳에서 새로운 변화를 일으키는 것은 거의 불가능에 가까웠다. 나는 '교육 가족 모두가 행복한 학교'라는 꿈을 품고 있었으나, 제도와 관행이라는 오래된 벽 앞에서 무력감을 느꼈다. 2002년 아산 거산초에서의 7년, 아이들과 교사들이 조금씩 변화를 일

귀내던 시간만이 희망의 불씨였다. 그래서 늘 말했다. "신설학교가 생기면 반드시 간다."

2012년 이후, 교육청 지원을 받아 여러 연수를 기획했다. 디베이트, 수학 활동, 교육코칭, 교육과정 재구성, 글쓰기 지도…. 그곳에서 만난 교사들은 아이들을 진심으로 사랑했고, 수업을 잘하고 싶어 했다. 함께하는 교사들이 행복해하는 모습을 보며, '이런 사람들과 학교를 세운다면 아이들은 반드시 달라질 것'이라고 확신했다.

그리고 2014년 여름, 충남에 혁신학교가 도입된다는 소식과 차암초 개교 공문은 운명처럼 다가왔다. 연수에서 만난 교사들에게 곧바로 편지를 보냈다.

"새로운 학교에서 행복한 수업을 하고 싶은 선생님들과 함께하고 싶습니다."

그 첫걸음으로 8월 22일, 경기도 혁신학교 남한산초와 보평초를 탐방하기로 했다. 100명에게 제안했고, 그중 28명이 함께하겠다고 응답했다. 성남초 동료 4명도 동행했다.

그날, 남한산초 김영주 교장선생님은 1시간 반 동안 학교 운영 철학을 들려주었다. 교사들의 질문에 답하는 교장, 자신감을 얻었다는 젊은 교사들, "아이를 낳으면 꼭 이 학교에 보내고 싶다"고 속삭이는 동료의 목소리. 그것은 혁신이 멀리 있는 것이 아니라 지금 여기서 시작할 수 있다는 희망이었다.

이어서 방문한 보평초는 한 편의 동화 같았다. 큰 학교임에도 학년 군제를 도입해 작은 학교처럼 운영하고 있고, 아이들 중심으로 재구성된 공간들—모래 놀이터, 생태연못, 동물 사육장, 옥상 텃밭—은 교사들의 마음을 흔들어 놓았다. 교사 연구실, 학습 준비물실 등 세심한 배려가 담긴 공간도 감동을 주었다. 돌아오는 버스 안에서 교사들은 한 목소리로 말했다. "행복한 학교에서 일하고 싶습니다."

🐌 2회: 혁신학교 연수 및 수업 연수─새샘초(2014. 9. 17. ~ 10. 7.)

가을 햇살이 따뜻하게 내리쬐던 9월, 천안아산 교사모임에서 혁신학교와 수업 혁신을 주제로 한 연수가 열렸다. 30여 명의 교사가 모여 "학교가 왜 변해야 하는가"를 함께 고민하고, "수업은 어떤 모습이어야 하는가"를 놓고 깊이 나누었다. 충남형 혁신학교 추진 상황 설명도 이어졌다. 교사들은 각자의 경험과 현실을 바탕으로 질문하고, 서로의 생각을 나누며 머리를 맞댔다.

특히 싱남초에서 함께 근무하던 김선희, 조현빈, 안영옥 교사가 모든 연수에 끝까지 참여했다. 그들의 진지한 태도와 변화하는 모습은 또래 교사들에게도 자극이 되었다. 처음에는 다소 망설이던 교사들이 점점 자신감을 얻고, '나도 할 수 있겠다'는 확신으로 바뀌어 갔다. 안영옥 교사는 먼 평택에서 오기며 열정적으로 참여했고, 그 과정에서 교육에 대한 관점이 크게 달라졌다. 조현민 교사 역시 매회 토론과 실습을 통해 한 단계씩 성장해 가는 모습이 뚜렷하게 보였다.

연수에 참여한 교사들의 표정에는 분명한 결의가 담겨 있었다. 그것은 단순한 호기심이나 의무감이 아니라 "지금까지와는 다른 새로운 길을 반드시 찾겠다"는 다짐이었다. 그날의 교실은 단순한 연수장이 아니라, 교사들의 꿈과 이상이 다시 피어나는 작은 혁신학교의 전초기지와도 같았다.

🐌 3회: 천안혁신학교 준비모임 시작—새샘초(2014. 10. 16.)

드디어 '천안혁신학교 준비모임'이 출범했다. 그날 새샘초 교실에는 16명의 교사가 모였다. 각자 손에 흰 종이를 들고 "왜 혁신학교를 꿈꾸는가"라는 질문에 자신의 마음을 적어 내려갔다. 누군가는 아이들의 웃음을 지키고 싶다는 바람을, 누군가는 교사로서 본래의 열정을 회복하고 싶다는 소망을, 또 누군가는 부모와 함께하는 학교를 만들고 싶다는 다짐을 적었다.

그 작은 글씨들은 하나하나가 미약해 보였지만, 함께 모아 읽고 나누자 커다란 울림이 되었다. 서로의 이유를 들으며 고개를 끄덕이고, 때로 눈시울이 붉어지기도 했다. 이 모임은 단순한 친목 모임이 아니었다. 새로운 학교를 향한 작은 촛불들이 모여 하나의 불빛이 된 순간, 희망과 연대의 시작이었다.

🐌 4회: 신방도서관 모임(2014. 10. 30.)

그날 저녁, 신방도서관에는 24명의 교사가 모였다. 여섯 모둠으로 나뉘어 기존 학교에서 덜어내야 할 것들을 주제로 열띤 토론을 이어갔다. "학교에서 진정 아이들을 위해 꼭 필요한 것은 무엇인가, 그리고 무엇을 버려야 하는가?"라는 질문은 교사들의 가슴을 깊이 흔들었다.

각 모둠이 준비한 발표는 진지했고, 때로는 절박했다. 불필요한 형식과 보여주기식 행사, 경쟁을 강요하는 제도적 관행, 아이들의 삶과 동떨어진 교육 활동…. 교사들은 한목소리로 "이제는 바뀌어야 한다"고 했다.

밤이 깊어갈수록 교사들의 열정은 더욱 뜨거워졌다. 자발적으로 회비를 내고, 늦은 시간까지 남아 이야기를 나누는 모습은 영화 장면처럼 눈에 새겨졌다. 그들은 학교의 주인이 교사와 아이들이라는 사실을 행동으로 증명해 보였다. 아이들을 더 잘 가르치고 싶은 마음이 교사들의 몸짓과 눈빛에서 흘러넘쳤다. 그것은 단순한 토론이 아니라, "교육은 제도보다 사람의 열정이 먼저다"라는 진리를 웅변처럼 보여주는 순간이었다.

그날의 토론은 신설학교 차암초를 준비하는 교사들에게 분명한 확신을 주었다. 새로운 학교는 제도의 틀을 답습하는 곳이 아니라, 교사들의 의지와 아이들을 향한 사랑으로 다시 세워져야 한다는 것을.

✎ 5회: 신방도서관 모임(2014. 11. 6.)

11월의 저녁, 신방도서관에 다시 20여 명의 교사가 모였다. 이번 주제는 '학교에서 반드시 고쳐야 할 것들'이었다. 교사들은 네 모둠으로 나뉘어 토론을 시작했고, 모둠마다 현장에서 겪은 문제와 바꾸어야 할 관행들을 진지하게 이야기했다.

한 모둠에서는 보여주기식 행사와 형식적인 평가 제도를 지적했고, 또 다른 모둠에서는 지나친 경쟁 구조와 성적 중심 문화가 아이들의 삶을 위축시킨다고 목소리를 높였다. "학교는 아이들을 키우는 곳이지, 서열을 매기는 곳이 아니다"라는 말은 참석자들의 마음을 울렸다.

발표 시간에는 특히 새내기 교사들의 목소리가 돋보였다. 신임 교사임에도 교육에 대한 문제의식을 분명히 드러내며 구체적인 개선 방안을 제시했다. 그들의 용기 있는 발언은 선배 교사들에게도 신선한 자극이 되었다. 안영옥 교사의 발표 또한 깊은 인상을 남겼다. 그는 자신의 경험을 바탕으로 "아이들을 중심에 두고 수업을 다시 짜야 한다"는 점을 강조했다. 발표를 마친 뒤 교사들 사이에서는 고개를 끄덕이며 공감하는 모습이 이어졌다.

그날 모임은 단순한 문제 제기를 넘어, 새로운 세대의 교사들이 이제 변화를 이끌어낼 준비가 되어 있음을 확인하는 자리였다. 교사들의 눈빛은 밝았고, 서로의 말에 귀 기울이며 함께 미래를 그려나가는 모습에서 차암초의 밑그림이 조금씩 구체화되고 있었다.

🍎 6회: 서울형 혁신학교 사례 공유 — 신방도서관(2014. 11. 13.)

11월 13일 저녁, 신방도서관에는 30여 명의 교사가 모였다. 이날 주제는 서울형 혁신학교의 실제 경험이었다. 서울에서 혁신학교를 경험한 최나영 교사가 강연자로 나서서, 교사와 아이들이 함께 만들어 낸 변화를 생생하게 들려주었다. 수업에서 아이들이 웃음을 되찾고, 교사들이 동료성과 신뢰를 바탕으로 성장하는 과정은 듣는 이들의 마음을 울렸다. 단순한 이론이 아닌, 현장에서 몸소 겪은 사례였기에 무게감이 달랐다.

"아이들과 교사가 함께 행복할 수 있다." 최나영 교사가 전한 이 한마디는 참석자들의 마음에 깊이 새겨졌다. 책으로만 읽던 혁신학교가 현실에서 가능하다는 사실, 그리고 그것을 실천한 증거 앞에서 교사들은 고개를 끄덕이며 결심을 다졌다. 강연 후에도 질문과 대화가 이어졌다. "우리 지역에서도 가능한가?", "작은 수업 하나부터 어떻게 시작할수 있을까?" 교사들의 물음은 진지했고, 대답은 서로의 마음을 격려하는 대화로 확장되었다.

그날의 모임은 단순히 강의를 듣는 자리가 아니었다. "우리도 할 수 있다"는 믿음을 확인하고, 차암초의 혁신이 단순한 꿈이 아니라 실현 가능한 길임을 확인한 순간이었다.

7회: 『혁신학교 2.0』 독서 토의―신방도서관(2014. 11. 27.)

늦가을 저녁, 신방도서관 한쪽 교실에 20여 명의 교사가 모였다. 이번 모임은 단순한 강연이나 사례 공유가 아니라 『혁신학교 2.0』을 함께 읽고 토론하는 자리였다. 네 명의 교사가 발제를 맡아 책의 핵심 내용을 풀어내자, 곧바로 열띤 논의가 이어졌다.

가장 많은 논쟁을 불러일으킨 것은 "아이를 섬기고, 관리자는 교사를 섬겨야 한다"는 문장이었다. 어떤 이는 이 표현이 다소 종교적이라고 지적했고, 또 다른 이는 교사와 관리자의 관계를 지나치게 수직적으로 규정한다고 했다. 그러나 그만큼 이 문장이 교사들에게 충격을 주었고, 지금까지의 학교 권력 구조와 경영 철학을 다시 성찰하게 했다.

"학교장은 권력을 행사하는 사람이 아니라, 철학으로 학교를 이끄는 사람이어야 한다."

"연구학교와 혁신학교는 무엇이 다른가?"

"경쟁을 부추기는 스티커 제도 대신 어떤 방식이 필요할까?"

토론은 끝날 줄 몰랐다. 교사들은 책 속 문장과 자신의 경험을 연결하며, 학교 현장이 안고 있는 문제와 새로운 대안들을 진지하게 모색

했다.

그날의 토의는 분명한 사실 하나를 보여주었다. 혁신은 교사들의 마음속에서 이미 시작되고 있다는 것. 교사들이 자기 목소리로 학교의 철학과 구조를 비판하고 대안을 찾는 순간, 차암초의 혁신은 이미 현실로 다가오고 있었다.

🐌 8회: 『혁신학교 2.0』 2부 토의─새샘초(2014. 12. 4.)

12월 초, 초겨울 찬바람이 거세던 날, 새샘초 4-4반 교실에 20여 명의 교사가 모였다. 공교롭게도 난방이 되지 않아 교실 안은 바깥만큼이나 차가웠다. 두꺼운 외투를 입은 채 서로의 숨결로 온기를 나누며 토론을 이어갔다. 모임 후 몇몇 교사들은 감기몸살로 며칠을 앓았지만, 그날의 열기는 오히려 더 오래 남았다.

우리는 『혁신학교 2.0』의 2부를 발제하고 토론했다. 책 내용은 단순한 이론이 아니라 "우리 학교를 어떻게 바꿀 것인가"라는 구체적인 실천의 언어로 이어졌다. 한 사람이 발제를 마치면 여러 사람이 질문했고, 또 다른 이는 메모하며 고개를 끄덕였다. 차가운 교실이었지만, 토론이 거듭될수록 교사들의 눈빛은 더욱 뜨거워졌다.

이날 모임에는 이경하 교사가 함께했다. 그는 자신의 경험과 지식을 나누며 구체적인 사례와 정보들을 보태 주었다. 덕분에 토론은 더 깊어졌고, 참여한 교사들은 "이제 조금 더 선명한 그림이 보인다"라고 입을 모았다.

그날 교실에 난방은 없었지만, 교사들의 마음속에는 분명한 불씨가 피어올랐다. 혁신의 온도는 시설이 아니라 사람의 열정에서 나온다는 사실을 다시 확인한 밤이었다.

🐌 9회: 보평초 허승대 교사 강의 — 신촌초(2014. 12. 18.)

12월의 차가운 바람 속에서도, 신촌초 강당에는 천안 시내 교사 60여 명이 모였다. 이날 강의에는 교사들뿐 아니라 교장, 교감 선생님들까지 자리를 함께했다. 그만큼 관심과 기대가 큰 모임이었다. 허승대 교사는 "학교 문화가 바뀌어야 수업이 바뀌고, 그래야 아이와 교사가 함께 행복하다"라는 주제로 강의를 이끌었다. 단순한 이론이 아닌, 자신이 실제로 경험하고 실천한 사례가 곁들여져 참석자들은 더욱 몰입했다. 아이 중심의 학교 문화를 어떻게 만들어 갈 수 있는지, 교사와 학부모가 함께 어떤 변화를 일으킬 수 있는지에 대한 이야기는 듣는 이들의 마음을 뜨겁게 했다. 강의실 안은 고요했지만, 가슴 속에는 울림이 파도처럼 번졌다. 그 메시지는 참석자 모두의 가슴에 깊이 새겨졌다.

한창 강의 중에 내 휴대전화가 울렸다. 백석초 박혜숙 교장선생님이었다. "치암초를 희망하는 교사가 몇 명인지 알려 달라." 그리고 "곧 준비팀 공모가 나오면 4~5명 정도 신청해 보라"고 조언하셨다. 단순한 연락이 아니었다. 새로 태어날 차암초의 길을 여는 결정적인 연결고리였다.

그 일이 가능했던 것은 성남초 임재웅 교장선생님의 중재 덕분이고, 이미 세상을 떠난 친구 채금자의 전언 덕분이다. "신설학교 준비한 교감이 발령받아야 한다"라는 그의 말이 어딘가로 흘러가 전해진 것이다. 먼 길을 돌아온 듯한 그 인연과 은혜가 그날따라 더욱 깊게 마음에 남았다.

이날 모임은 한 교사의 강의와 한 통의 전화가 만나, 차암초 개교 준비에 새로운 전환점을 만들어 주었다. 사람과 사람의 만남, 신뢰와 지지가 모여 결국 학교를 세우는 힘이 된다는 사실을 다시금 깨닫게 한 순간이었다.

드디어, 차암초 준비팀 출범

2014년 12월 22일, 차암초 준비팀 공모 공문이 발송되었다. 마감일은 24일 정오. 긴장과 설렘이 교차하는 이틀이었다. 곧이어 26일, 마침내 개교 준비팀 위촉장이 공식적으로 발송되었다.

김상균, 장군, 안영옥, 조현민, 공윤숙 교사, 그리고 어렵게 모시게 된 보건교사까지. 이름 하나하나가 그 자체로 새로운 역사의 출발을 알리는 빛나는 명단이었다. 이들은 단순히 발령받은 교사가 아니라, 새로운 학교를 세우겠다는 의지로 모인 선구자들이었다.

많은 이들의 지지와 노력 속에 천안차암초 준비모임은 비로소 본격적인 출범을 알렸다. 나는 마음 깊이 감사했다. 이 길은 결코 나 혼자만의 길이 아니었다. 지난 몇 달간 함께 배우고 토론하며 걸어온 많은 동료의 발걸음, 선배들의 조언, 친구의 전언, 그리고 동료 교사들의 용기가 모여 만들어 낸 길이었다.

그래서 그날의 위촉장은 단순한 행정 절차가 아니었다. 그것은 차암초라는 새로운 학교의 탄생을 알리는 약속의 증서였고, 우리가 함께 꾸었던 꿈이 이제 현실로 향하고 있다는 선언이었다.

02

차암초등학교의 발자취

김상균(태안 화동초 교사)

차암초등학교에 언제부터 언제까지 근무했나?

2015년부터 2019년까지 근무했으며 5년 내내 업무전담팀을 맡았습니다. 교무부장, 정보, 교과서, 취학(NEIS 일체), 생활지도(학교폭력담당) 등의 업무를 주관했다.

2014년 11월, 차암초등학교가 2015년 개교한다는 소식을 듣고 혁신학교에 대한 의지가 있는 몇몇 선생님들이 차암초등학교에서 혁신학교를 실현하려는 움직임이 시작되었다. 개교준비위원회부터 참여하여 개교 시점부터 혁신학교의 토대를 구축하고자 협의하기 시작했다. 학교들은 대부분 이전 업무 담당자나 학교 내에 형성된 문화를 따라 업무 형태나 교육과정이 이루어지기에 기존 학교에서는 혁신학교를 시작한다는 것이 매우 어렵다고 생각했기 때문이다.

2014년 12월 천안교육지원청이 개교준비위원을 모집하는 공문을 보내왔고, 약속처럼 준비했던 선생님들이 교육청 회의실에 처음으로 모였다(김영주, 공윤숙, 김상균, 장군, 조현민). 학생들을 맞이하기 위한 모든 과정을 준비했다(교내 외부시설, 취학생 수 파악, 교실 배치, 집기류 구비, 정보화 시스템 구축, 학교의 비전, 목표, 학교교육과정 수립, 개교 관련 행사, 교과서 확보, 교가 제작, 학부모회 조직, 교직원 업무분장 등).

어떤 고민과 노력으로 학교의 비전과 철학을 만들게 되었나?

비전과 철학의 공유

학교의 비전을 문장으로 진술할 때 대부분의 학교가 사용하는 단어와 문장의 거의 비슷하다. 이들 학교가 비전 설정에 고민이 부족한 것이 아니라 삶과 교육에 대한 많은 생각을 짧은 문장으로 담아내다 보면 추상적이거나 보편적인 용어들로 수렴되기 때문이다. 이에 준비위에서는 비전을 표현하는 추상적인 문장보다 각자의 비전 속의 낱말들에 구성원 개개인들이 추구하는 삶의 방향을 담기로 하게 되었다.

2015년 1월, 혁신학교들의 숙박형 연수에서 긴 시간 동안 담소를 나누었다. 구성원들이 살아오는 과정에서 느껴온 이야기들과 앞으로의 삶에서 행복을 위해 추구하는 삶의 방향들로 가득 채워졌다. 어떤 이는 기대어, 어떤 이는 바닥에 드러누워, 어떤 이는 침대에 삐딱하게 늘어져 격식 없이 서로의 삶에 그대로 직면했다. 여기서 우리가 갖는 비전 속 '행복'의 의미에 대하여 '함께하는', '나누는', '즐거움', '성장하는' 등의 이야기를 나누고 일종의 합의를 하게 된다. 짧은 문장만으로 이런 의미를 담을 수 없기에 교육과정의 여러 곳에 우리가 생각하는 비전의 의미들을 별도로 설명하는 방식으로 교육과정의 틀이 만들어지게 된다.

학부모 연대 기반 마련

개학 전부터 학부모와 소통할 기회를 마련했다. 지금은 남의 학교인 백석초등학교에서 본교에 입학 또는 전학할 학부모를 위한 혁신학교 설명회를 열게 된다. 이때부터 학부모 조직을 시작하게 되고, 학부모는 학교의 감시자이면서도 든든한 지원자가 되어 주었다. 학부모 조직은 교육활동을 적극적으로 지원했으며, 교육과정과 각각의 교육활동에서도 함께 계획하고 실행하고 평가하며 수준 높은 교육과정을 발전시켜 갔다.

본교의 상징 마크는 세 사람이 손을 마주 잡은 형상이다. 교사, 학생, 학부모가 그 주체다. 학부모를 학교 구성원이라고 하지만 그들은 이미 준비되고 확정된 교육과정에 대해 그 가치를 평가할 수 있는 수동적인 역할이 대부분이다. 이를 바로잡으려는 것이 '학부모 연대'의 생각이다. 즉, 교육과정 편성 및 운영 과정과 평가 과정에 모두 함께하여 의사 결정에 참여한다. 언석회의는 형식적인 단계도 아니며 성토대회도 아닌 '함께 만들어가는' 과정이다. 이를 위해 매우 긴 시간의 회의 준비가 필요했으며, 회의도 많은 시간과 노력이 요구되었다.

차암에 근무하며 감사했던 일은?

학교장의 리더십

혁신학교 구현 과정에서 야간까지 이어진 긴 회의와 수평적 토론은 참가자들에게도 부담이었다. 새로 규정할 것이 많은 신설학교이기에 이런 수고로움은 일반 학교보다 훨씬 많았다. 이 과정에서 개입을 최소화하고 민주적인 결정을 도출할 수 있도록 기다려 주고 교사조직을 신뢰해준 관리자들에게 감사한다. 관리자 입장에서 다른 학교와 다른 학교 문화는 자랑거리만은 아닐 것이다. "왜 그 학교만 그래?", "뭐가 그리 별났어?", "교육청이 왜 차암만 그렇게 해주는 거야?" 등, 주변 학교들의 따가운 시선에도 구성원의 자발성과 민주성을 통한 공동체의 성장을 믿고 기다려 주었다.

학부모 참여

학부모는 학교를 전적으로 신뢰하고 적극적으로 지원했다. 잘 조직된 학부모회의 덕분으로 동시에 백여 명의 학부모 도우미를 동원하는 프로그램을 운영하기도 했다. 때로는 날카로운 지적으로 학교를 곤혹스럽게 하기도 했지만, 이는 학교 집단이 맞닥뜨릴 수 있는 위험을 방지하는 역할을 했다. 개교 시기에 선생님들의 수고로움이 많았던 것처럼 학부모 조직도 많은 어려움을 겪으며 함께 성장했다. 학교와 교직원을 믿고 따라준 학부모회에 감사드린다.

차암초등학교란 어떤 곳이며, 어떤 의미로 남았나?

교사로 살아가면서 한 번은 교육에 대한 철학과 신념에 기반하여 열정적인 삶을 살고 싶었다. 평생을 열정으로 살아갈 수는 없을 것이다. 그리 길지 않은 인생에 한 5년쯤 그렇게 불태우며 살아가는 것도 괜찮겠다 싶었다. 그렇게 본교 개교 전부터 무지개 꿈을 꾸며 본교에 전입하게 되었다. 교감 승진의 기로에서 혁신학교를 선택했으며, 먼 길을 돌아 지금의 자리에 섰지만 후회는 없다. 승진제도의 숨 막히는 가산점 취득에서 잠시 자유로워지면서 교사임에 자부심을 느끼고 살았으니까.

우리는 수시로 보내오는 교육청 정책의 압력과 전임자의 업무 행태를 그대로 따르는 관성에 따라 운영되는 학교의 각종 교육활동을 반성하고 성찰하며 새로운 학교를 꿈꾸었다. '민주적 의사결정'과 '교사의 자발성'은 그 과정에서 가장 중요한 원칙이었다. 이에 따라 교사는 자율성을 부여받았고, 책임을 함께 나누는 공동체로 살았다. 지난한 토론 과정에서 관리자들은 신뢰와 인내로 기다려 주었다.

혁신학교가 정착되기까지 학교에 대한 많은 위협이 있었지만, 우리는 많은 토론을 거치고 아이디어를 쏟아내며 아름다운 학교를 만들어 냈다. 때로 격한 토론과 의견 내립으로 긴장 상태가 되기도 했지만, 합리적인 대안과 의사결정으로 극복했다. 시작할 때의 구성원들 다수는 정년으로 학교 현장을 떠나기도 했지만 어디선가 그날들의 에너지를 간직하며 살아가고 계실 것이다.

혁신학교의 꿈을 지키고 가꿔오신 선생님들께 감사드린다. 시간이 흘러 구성원들은 모두 바뀌고, 시대정신도 새로워졌다. '혁신학교'라는 틀이 또 다른 굴레와 관성이 되지 않도록 깨어있는 이성과 철학으로 행복한 공동체를 함께 만들어 가기 바란다.

차암초등학교 개교 당시 많은 고민들은?

혁신학교 지정

혁신학교 실현을 목표로 개교준비위까지 꾸려 준비 단계에 들어섰지만 본교가 혁신학교로 지정된다는 확신이 없었다. 개교 이전 학교이 므로 공식적으로는 아직 존재하지 않는 학교였다. 혁신학교 신청서를 제출할 주체도 근거도 없으므로 어떠한 확신도 할 수 없는 단계였다. 도교육청 담당 장학사 입장에서도 실체(학교, 직원, 학생)가 없이 몇몇 사 람의 의지만으로 혁신학교를 지정할 수 없었다. 결국 혁신학교가 아닌 '혁신학교 준비교' 지정도 힘겹게 시작했다. 혁신학교 지정은 그다음 해 인 2016년부터 시작된다.

업무 조직 마련

'개교준비위'는 사실상 본교 직원이 아닌 이들의 조직이므로 결정권 이 없었다. 이 준비위는 인근 학교(백석초)의 빈 공간 한쪽에 마련되었 으며, 백석초등학교장의 결재를 받아야 하는, 사실상 독립적이지 못한 조직이었다. 이대로라면 개교준비위는 교실에 책걸상이나 컴퓨터 수량 과 종류를 정해주는 기계적인 업무밖에 할 수 없었다.

유일하게 1월 행정실장의 발령으로 실질적인 업무를 시작할 수 있 었으나 여전히 독립적인 결정권을 갖지 못했다. 준비위는 혁신 마인드 를 지닌 학교장의 조기 발령을 요구했고, 교육청은 이례적으로 현직 교 장을 복수 교장(유강열)으로 발령했다. 이로부터 혁신학교 준비는 매우 빠르게 탄력을 받기 시작했으며 차암초등학교만의 철학과 문화를 갖추 기 시작했다.

안정적인 취학

전체 학생 수를 예상하기 어려웠다. 학교를 비롯하여 4천여 세대 인근 아파트는 아직 건설 중이었으므로 학령아동 수를 파악할 수 없었다. 학급 수와 교과서 수량을 파악할 수 없었다. 전교생이 전학생인 상황에서 모든 계획은 초기 수요보다 2~3배 많게 준비할 수밖에 없었다. 교실도 교과서도 그랬다. 2015년 3월 전교생 120명이 입학 및 전학해 왔다. 총 13학급으로 편성되어 학급당 학생 수는 10명 안팎이지만 아파트 입주가 계속되면서 계속 전입생이 늘었다. 37학급을 예상하며 지은 학교에 비해 학생 수는 턱없이 적었지만 이후 학생 수는 저학년을 중심으로 폭발적으로 증가했다. 교실 3칸 크기의 다목적실을 교실화했고, 두 개의 음악준비실 벽면을 해체하여 교실을 마련했다. 이런 구조 변경으로 공간을 확보했으나 학생 수 증가에 대응하기에 한계가 있어 2018년에는 후동에 5층을 추가로 증축하게 된다.

학생 수는 계속 증가하여 2019년에는 학생유발률 0.3을 초과했고, 학구 내 동사무소 조사 결과, 이후 3년간(2020~2023) 학력아동 수가 크게 증가하여 전교생 2천 명이 예상되었다. 2018년 새로 12개의 교실 증축을 위해 신축동 건축으로 운동장이 줄어들고 생태공원이 사라졌다.

교사의 표창 추천

해마다 교사 표창을 한다. 교육장상, 교육감상, 장관상이다. 실질적으로 훌륭한 분들에게 포상이 주어지지만 대부분 돌아가며 필요한 사람이 받는 성격이 현장에 만연해 있다. 이에 문제를 제기한다.

지난해에 특정한 성적으로 학생을 서열화하고 그 결과에 의해 최상위자에게 주어지는 과학의 날(장관급), 어린이날 표창(교육감)을 구성원들의 합의에 의해 거부했다. 시상 자체가 아니라 그 과정에서의 비인간화를 부정한 것이다. 현대사회가 치열한 경쟁 사회임은 부정할 수 없으나 경쟁 사회라 해도 불필요한 경쟁은 하지 말자는 것이다. 경쟁보다는 서로 협력하고 함께 성장하는 공동체에 대한 지향이다.

학생들에게 성적 서열화에 의한 표창을 부정했다면 '선생님'에게도 이런 점이 일관되어야 하는 것이다. 즉 교사들의 교육감 표창 추천 기준도 동일하게 고민해야 하는 것이다. 당시 완전히 합의에 이르지는 못했고 자율에 맡기는 정도의 애매한 결정을 한 바 있다. 지금은 이에 대해 어떻게 궁리하고 있을지 궁금하다.

학교 문화의 지속성 확보

시작을 함께했던 초기 구성원들이 전보 등으로 점차 학교를 떠나고 학생 수 증가와 함께 구성원이 많이 바뀌게 되었다. 지금까지 협의하고 합의했던 문화들이 지속적으로 유지되려면 같은 합의가 반복되지 않고 더욱 발전할 수 있는 방법이 필요했다. 새로운 전입 교사에게 기존 학교 문화를 빠르게 이해하고 적응할 수 있도록 "차암사용설명서"를 만들어 교육과정 만들기 주간에 함께 공유했다.

업무전담팀 조직

학교 업무를 명확하게 분류하는 것은 쉽지 않다. 하지만 업무전담팀의 업무영역을 규정하기 위해서는 필요한 과정이다. '교육인 것과 아닌 것' 같은 식으로 업무를 분류하는 것은 심각한 오류에 빠지게 된다. 학교의 모든 일이 교육이 아닌 것이 없기 때문이다. 우리는 학교 업무를 크게 둘로 구분했다. 교무부와 교육과정부가 그것이다. 일반적으로 학교에서는 교무부장과 연구부장, 과학부장, 정보부장 등으로 구분하는데, 이중 교무부장이 다른 부장들보다 업무에서 사실상 위에 있는 것이 보통이다. 이렇게 하나의 통제선을 지닌 업무 조직이 아니라 대등한 두 업무 조직(교무부장, 교육과정부장)으로 구분하려는 것이다. 이에 따라 교육과정을 실제로 운영하는 분야에서는 교육과정부장이, 그 외는 교무부장이 업무를 총괄하게 된다.

업무전담팀의 기본 원칙은 교육지원실(교무실) 상주다. 업무전담팀은 교실에서 수시로 발생하는 상황에 대응하여 지원도 해야 하며, 전화와 면담 등 업무 관련 외부인과 수시로 대응해야 한다. 민원을 응대하면서 민원인과 긴장 상태가 발생하기도 했다. 긴 시간 집중해야 하는 업무에는 교육지원실에서 직원들 간의 잦은 접촉이 있게 되고, 일과시간에 업무를 다 처리하지 못하게 되어 야근하는 경우가 발생한다. 작지만 업무전담팀의 휴식을 위해 2층에 휴식 공간을 마련했다.

민주적 의사결정의 문화에도 불구하고 업무를 주도하는 업무전담팀의 의견 반영 비중이 높은 편이다. 학교 문화가 다양하게 발전하기 위해서는 다양한 생각과 입장이 존중되어야 한다. 혁신학교 문화가 정착되면서 업무전담팀의 역할을 할 수 있는 기간에 제한을 두어 다양한 역량을 지닌 교원이 다양한 변화와 성장이 이루어지게 했다. 하지만 혁신학교 초기에는 워낙 다양하고 많은 업무가 있어 헌신적인 교원들이 그 많은 일을 담당해야 했고, 이를 보아온 교실의 선생님들은 업무전담팀을 어렵게 여기기도 했다. 일이나 절차를 합의를 통해 구체적으로 규정하고 문서화하여 누가 이 일을 맡아도 충분히 해낼 수 있는 구조를 만들기 위해 노력했다.

2019년 업무전담팀 업무 현황

교감		교무부(○○○)		교육과정부(○○○)		안전생활부(○○○)		문화예술부(○○○)		학생자치부(○○○)		교무행정사(○○○)	
교감 1 ○○○	1, 3, 5학년 인사, 복무, 장학	회의	▶교직원회의 ▶기획협의 ▶연석회의	교육과정	▶학교교육과정 ▶TF, 워크숍 ▶교육과정평가회	과학	▶과학실 관리 ▶물품 구입 ▶과학교육 ▶추수 활동	방과후	▶방과후일체 ▶예술 강사	학생자치	▶다모임 ▶동아리 ▶동아리 발표회	학적	▶전출입 관리 ▶입학·졸업 관리
	행동강령책임관 교무, 교육과정, 정보, 과학	학교행사	▶교육과정 설명회 ▶입학식/졸업식 ▶방학계획/축제	수업	▶수업나눔 ▶학부모 공개수업 ▶기초학습부진	학교폭력	▶전담기구 ▶학폭위원회 ▶학폭교육	음악	▶음악교육 ▶윈드 운영 ▶작은음악회	교육기자재	▶방송, 시청각 ▶정보기기 ▶소프트웨어	교육복지	▶저소득층 교육비 ▶교육급여 ▶학생복지
	교직원인사성과 관리포상, 성과급, 근무평정, 다면평가	학습준비물	▶학습준비물 주관 ▶교육지원실 물품	평가	▶진단활동 ▶수행평가 ▶학부모 상담	안전생활	▶배움터지킴이 ▶안심알리미 ▶교통봉사단			환경생태	▶환경구성 ▶청소/클린데이 ▶텃밭, 사육장	교육활동홍보	▶학교 홈페이지 ▶학교 종이앱 관리 ▶알리미(SMS)
교감 2 ○○○	2, 4, 6학년 인사, 복무, 장학	학부모회	▶학부모 동아리 ▶학부모 연수	교사학습공동체	▶학년 지원 ▶무학년 지원	NEIS	▶권한 관리 ▶학적 관리 ▶생기부 전반			체육	▶체육관/PAPS ▶수영 교육 ▶스포츠클럽	교과서	▶주문 ▶수령, 배부
	교직원 인사발령 전보, 휴복직, 퇴직, 호봉, 징계, 조직편성 현황관리	영어	▶영어교육 ▶원어민 강사	연수	▶연수 기획 ▶자율연수비							관용차량	▶관용차량 예약
	안전관리책임관 안전생활, 학폭, 방과후, 돌봄, 문화예술체육, 학생자치, 환경생태, 공문 배분	교원복지	▶문화의 날 운영 ▶교사동아리 운영	혁신학교	▶관련 보고 ▶관련 출장				〈담임부장〉 1학년 배정			학교행사	▶학교 업무 및 행사 지원
		비지정업무	▶마을교육공동체 ▶다문화 ▶통일 ▶기타	도서	▶독서교육 ▶도서관 관리 ▶명예 사서			돌봄	▶돌봄교실 운영				

▶ TO: 업무부장교사 6명, 학년 부장 교사 6명 총 12명
▶ 업무부장교사는 업무전담팀으로 5명 운영
▶ 업무부장교사 1명은 1학년부장과 함께 학년 운영 역할

※ 학급 담임교사에게는 학급교육과정 운영 외 업무를 배당하지 않음(업무부장 제외)

2020년 교무업무 전담팀 업무분석 결과

담당자	영역	주요 업무	업무처리 절차/방법	곤란/개선사항
교무부 ○○○	회의	각종 위원회 조직 및 회의 주관	▶학기 초 각종 위원회 조직 및 수정 후 내부결재	
		학교폭력대책자치위원회 회의 참석	▶학교폭력 대책 자치위원회 교사위원 회의참석(연 4회)	
		운영위원회회의 참석 (교사위원)	▶운영위원회 회의 참석 및 심의사항 의견 제출	
		기획협의 안건 수합 및 회의자료 준비	▶당해 연도 전직원협의 및 기획협의 일정 내부기안 ▶월 1회 교장, 교감, 행정실장, 학년부장, 업무부장, 특수교사 1인 전직원 안건 수합 후 회의자료 준비 및 진행	
		교사-학부모 연석회의 준비 및 진행	▶1학기, 2학기 연석회의 준비 ▶교사 학부모 연석회의 간식 품의 ▶학부모 측 안건 수합 후 학부모대표단과 공동진행 ▶학부모 연석회의 학부모 평가 및 후기 내부 기안	
		전직원회의 준비 및 진행	▶전달사항, 협의사항, 건의사항 등 전직원 안건 수합 후 회의 전 공유 ▶전 직원회의 주요 합의사항 정리 및 공유	▶협의 사항이 많은 경우 우선 진행
			중간 생략	
교육 과정부 ○○○	교육 과정	학교교육과정 편성 TF 운영 및 진행	▶교육과정 TF 구성 후 학교교육과정 검토 ▶지속, 변화, 보완, 개선할 점 등을 찾아 제안서 작성 ▶제안 사항 중심으로 TF 협의, 전 직원협의 후 확정	▶교사들의 학년말 업무처리로 학교교육과정 편성 TF 구성의 어려움 -교내 인사 확정 후 전임자, 후임자(2019, 2020 부장단)와 희망 교사 중심으로 TF 운영
		학교교육과정 운영 계획 수립	▶참학력 교육과정 검토 후 지침 반영 사항 추가 ▶교육과정 구현 중점에 대한 교사의견 수렴 ▶매년 3.2 학교교육과정 내부기안 완료	▶교육과정 평가 적극 활용 -교육과정 구현 중점 학년별 개선안 적극 반영 ▶2019, 2020 업무 담당자 협의 및 공동 추진 노력(12월 중)
		학교교육과정 편성, 운영	▶교육과정 편성 운영 점검 계획 수립 ▶선행교육 근절 연수 ▶교육과정 편성 운영 자체점검 ▶교육과정 편성 운영 컨설팅 참석	
		학교(혁신학교) 자체평가 운영 계획 수립 및 자체 평가 결과 보고서 제출	▶혁신학교 자체평가 계획 및 자체평가위원회 구성(3월) ▶자체평가 결과 보고서 제출(12월)	▶혁신학교 자체평가 및 결과 보고서 제출은 혁신학교 지정 연차에 따라 시기, 방법 등이 다름(공문 숙지) ▶자체평가 영역은 전 직원회의를 활용하여 수시평가 필요
			이하 생략	
			이하 생략	

어떤 일이 기억에 남는지?

증축동 화재 사고

2019년 1월 증축동에서 발생한 화재가 본동까지 번지면서 대형 화재가 발생했다. 직원들의 발 빠른 대처와 학생들의 신속한 대피로 인명 피해가 발생하지 않았다. 그러나 건축 중이던 건물을 다시 지어야 했고, 구조물 안전진단 결과에 대한 학부모의 불신은 커져 갔다. 화재동은 안전진단 후 보수건축안과 해체 후 재건축안이 논의되었으나 폭발적인 학생 수 증가로 증축동 재건축이 시급했기에 해체 후 재건축을 요구하기도 여건상 어렵게 되었다. 완공이 지연되면 학생 수 증가로 인한 과밀학급 편성을 피하기 어려운 상황이었다. 학부모단체는 불안해했으며 공사 기간 단축 요구가 빗발치기 시작했다.

학교는 학생 수용 대안을 제시하고 공사 기간 단축보다 시간이 다소 걸리더라도 안정적인 시공이 이루어질 수 있는 '임시교실 구축'을 제안했다. 복도 일부 구간을 교실화하자는 것이었다. 이에 대해 관계자들 대부분은 본교에만 특혜를 주는 것이 아니냐는 의견을 냈다. 증축 공사가 끝날 때까지 힘들어도 과밀학급을 유지하자는 내·외부 의견이 있었다. 과밀로 어려움이 있더라도 완공 때까지(2019년 2학기 전에 완공될 것으로 예상) 견디다가 완공 후 학급을 다시 증가 편성하고 교사 정원을 추가로 받는다는 것이다. 이런 계획대로라면 학생들은 이 시점에서 학급을 다시 분반하게 될 것이다. 이 안이 교육청의 지배적인 안이었다. 본교는 설계 당시부터 각 층별 복도 한쪽이 '미디어스페이스실'이라는 이름으로 상당히 넓은 공간(교실 두 칸 길이의 전동 3실, 후동 3실)으로 설계되어 있어 벽체 공간 시설만으로 간단하게(7천만 원 예상) 8실을 교실화할 수 있다는 점을 들어 교육청을 설득했다. 당시 학부모 불안이 매우 컸기에 학부모단체에게 공사 기간 단축을 압박하여 부실시공을 초래하는 것보다 안정적 시공을 하면서도 학교와 학생들이 도움이 될 수 있는 안으로 충분히 설명했으며 학부모회의 동의를 얻었다.

교육청이 학부모와 학교 측 요구를 수용하면서 임시교실이 단기간 내 완공되었다. 임시교실 구축으로 장기적으로는 학교의 공간 재원을 확보하게 되었으며, 학부모의 불안을 신뢰로 바꾸고, 교실을 가장 안전하게 완공할 시간을 확보했다. 이로 인해 2020년 적정 규모의 학급수를 편성받았고, 이에 따른 교사 정원도 확보되었다. 이후 화재동은 완전 철거 후 재건축되어 예상보다 공사 기간이 훨씬 길어졌으며, 공사 기간 동안 학생 수용 문제 없이 교실을 운영할 수 있었다. 학교는 추가로 음악·미술준비실 가벽을 제거하여 1실, 후동 5층에 실치된 다목적실을 교실화하여 1실을 추가 확보하게 된다.

뱀 출몰

개교 이후 봄에서 여름을 지나며 학교 안에 뱀이 자주 나타났다. 뱀은 주로 운동장 남쪽 절개지 석축 사이에서 나왔고 생태정원의 연못에 수시로 드나들었다. 남쪽 운동장 건너편에 자리한 습지가 뱀들의 주요 서식지로 추정되었다. 지역 개발 전에 학교를 비롯한 아파트단지 전체가 논이었으며 이 습지는 당연히 뱀들의 서식지였으나 습지 둘레로 건축물들이 들어서면서 뱀들이 고립된 것이다. 습지는 공단이 조성하고 천안시에 관리를 맡긴 상태였기에 이와 관련하여 천안시에 대책을 의논했다.

학생들을 보호하기 위해 뱀 포획을 계획했으나 뱀 포획이 법으로 금지되어 있기에 천안시청에 학생 보호를 위해 교내 진입하는 뱀의 포획 허용을 요구(자치단체에서 유해조류 퇴치를 위해 허용 가능)했으나 지금까지 그러한 사례가 없음을 들어 뱀 포획을 불허했다.

남쪽 습지 둘레 전체에 뱀이 넘어올 수 없는 방지망 설치를 요구했으나 반영되지 않았고, 학교는 자체적으로 남쪽 울타리 전체에 촘촘한 망을 설치하게 되었다.

교장 공모 실패

개교부터 함께한 학교장의 정년 퇴임으로 인한 공석은 막 혁신학교의 기틀을 마련하는 시점에서 크나큰 난관이었다. 구성원들은 학교장 공모를 통해 혁신학교의 정체성을 이어가기로 합의하고 공모 절차를 진행했다. 학교 구성원들과 학부모 등으로 구성된 평가단에서 우수한 평가를 받은 참가자가 있어 합의에 도달하고 대상자를 추천했으나 지역교육청에서 전원 부적합으로 판단했다. 그 근거를 물을 기회조차 부여되지 않았으며, 도교육청마저 일반 교장발령대로 발령을 해버렸다.

혁신학교에 대한 지역교육청의 인식의 단면을 여실히 볼 수 있었다. 학교 구성원의 민주성과 자발성을 외면한 관리자 인사발령이 이루어졌다. 혁신학교 운영 전 기간에서 가장 처참한 상황이었다. 공모 과정을 함께 추진했던 교원들은 물론 학부모단체의 반발이 이어졌으며, 새로 발령된 교장에 대한 학교 구성원들의 비선호는 당연한 결과였다. 그럼에도 구성원들을 달래야 했고, 안정적인 학사 운영이 이루어지게 해야 했다. 분하고 억울했지만, 아이들을 위해 그래도 할 일은 해야 하는 것이었다.

꼭 기록으로 남기고 싶은 일이 있다면?

옥상 텃밭

전동과 후동(구성원 합의로 전동은 앞채, 후동은 뒷채로 명명) 사이를 잇는 건물 구간 옥상층에 정원이 설계되어 있다. 건축 당시 주로 다육식물이 식재되어 있었는데, 교육적으로 활용할 수 있는 여지가 별로 없었다. 수도 시설이 없는 탓에 관리마저 되지 않아 식재된 다육식물들이 말라 죽으면서 관심을 받지 못하던 이 옥상 정원을 생태교육 공간으로 마련하기로 했다.

선생님들은 생태환경 교육에 관심이 많았으나 운동장 쪽에 설계된 텃밭이 워낙 작기도 하고 건물과 멀리 떨어져 접근성이 떨어졌다. 담장 밖에 여유 공간이 있어 초기에 텃밭으로 운영했으나 시청 소유 땅으로 시청이 텃밭 철거 요구를 해옴에 따라 생태환경 교육의 장이 부족했기 때문이다.

화산석을 걷어내고 마사토를 옥상으로 옮겨 텃밭을 만들게 된다. 25톤 트럭 한 대 반 분량의 흙이 운반되었다. 학생들도 조그마한 그릇을 이용하여 흙을 날랐고, 휴일에도 일부 선생님들이 헌신적인 노력으로 흙을 운반하여 텃밭을 만들게 된다. 충분한 양의 거름을 혼합하여 훌륭한 텃밭이 되었다.

이후 바로 아래 음악-미술 준비실 벽을 제거하여 교실을 확보할 때 안전진단에서 이 텃밭이 문제가 되었다. 안전진단 업체 측에서는 대량의 토사를 옥상에 옮겼기에 가벽 철거는 불가할 뿐만 아니라 옥상의 흙도 제거해야 한다는 판단을 내렸다.

본교 옥상은 처음부터 화단으로 설계되었고, 토양 대부분이 펄라

이트로 되어있으며, 상층부 일부만 일반 토양으로 되어있음을 설명하고 확인시켜주었다. 안전진단업체를 통해 안전성을 확인한 후 텃밭 운영을 위해 관리기를 도입했다.

닭장 만들기 프로젝트

동물을 기르며 생태적 감수성을 높이고자 닭 사육장을 만들기로 했다. 건축용 비계를 기본 골조로 하고 그 위에 학생들이 목공 기술을 활용하여 제작하도록 프로젝트를 기획했다. 6학년 학생들에게 기본 공구 사용법을 익히고 각 부분을 모둠별로 담당하여 목조와 철망 구조의 닭장을 만들게 된다.

3학년 과학과 수업 내용과 연계하여 유정란 부화 과정을 함께 체험하며 솜털 같은 병아리들에게 이름을 붙여주었다. 일정 기간 실내에서 길러진 병아리들이 처음으로 닭장에 입주하게 된다. 이후 닭들은 건강하게 잘 자랐으며 학생들과 정서적으로 교감했다. 프로젝트는 교육과정과 매우 부합했으며 학생들의 흥미도 매우 높았다.

관리 문제가 대두되었다. 닭들이 6개월 이상 성장하면서 성체가 되었다. 수탉의 소음은 주변 아파트 주민에게 불편을 주게 되었고, 배설물 처리는 도심 속 학교에서는 쉽지 않은 문제가 되었다. 법적으로 가금류에 포함되어 이동과 도축 제한이 있어 사후처리도 문제가 되었다. 이 모든 어려움을 교사가 감당하기에는 어려움이 있기에 지속성에 관한 의문을 해결하지 못했다.

토끼 사육장 만들기 프로젝트

잘 만들어진 닭장에서 토끼가 함께 사육되었다. 초기 관리는 매우 수월하고 흥미로웠으나 닭들이 성체가 되면서 토끼들을 괴롭히기 시작했다. 토끼들이 좀 더 쾌적한 환경에서 지낼 수 있도록 토끼사육장 만들기 프로젝트가 시작되었다. 사육장 구조는 학생들의 설계 중에서 투표로 정했다. 주변으로는 방부목 울타리를 만들었다.

학년별로 역할을 나누어 전교생이 참여했다. 이 프로젝트는 전교생이 참여하여 만들어진 차암 생태교육의 상징물이 되었다.

학년	1학년	2학년	3학년	4학년	5학년	6학년
영역	참관		흙언덕 만들기		울타리 만들기	지붕 만들기
활동 내용	선택적 참여		상부	기초	〈목공〉 ; 측정, 재단, 드릴 〈도색〉 ; 페인트 도색	〈도색〉 ; 토끼 얼굴 그리기 〈결속〉 ; 그물망 결속

특정 학년을 관리 학년으로 정하여 학생들에 의해 관리가 이루어졌다. 토끼는 매우 잘 자랐고 개체 수도 많이 늘었다. 이에 대한 대안이 필요했으며, 닭상처럼 관리의 어려움이 따랐다. 급수 시설을 자동화했지만 살아 있는 생명을 관리하는 일에는 매일 돌보아야 하는 수고로움이 따랐고, 특히 방학 동안의 관리에

어려움이 있었다. 이런 어려움에 대해 협력을 얻을 수 있는 대안을 당시로서는 마련하지 못했다.

학생카페 만들기
민주시민교육의 일환으로 학생들이 설계하고 운영하는 학생카페

만들기 프로젝트를 진행했다. 4층 복도 공간에 사용하지 않는 애매한 공간을 활용하기로 했다. 먼저 학생카페 만들기에 참여할 학생들과 학부모를 공개적으로 모집했다. 학생들은 자신들만의 공간을 만드는 과정에 매우 적극적으로 참여했다. 원하는 공간의 아이디어를 모으고, 이를 토대로 전체적인 구조를 반영한 미니어처를 만들고 집기류를 선택했다. 학생들은 스스로 운영 규칙을 정하고 학생들의 쉼이 있는 공간을 누릴 수 있게 되었다.

야외 무대 만들기

문화 예술 교육 강화는 본교 학교교육과정의 한 꼭지다. 이에 따라 관악부를 만들었고, 수시로 공연을 할 수 있는 공간을 마련하게 된다. 앞채와 뒷채 사이 화단에 지하실 장비를 이동할 때 사용한 철재 수직통로를 이용하여 그 위에 무대를 설계했다. 이 구조물은 분리형으로 제작되어 일부분을 들어 올려 지하로 통하

는 통로를 개방할 수 있게 설계되어 있다. 관악부뿐만 아니라 다른 부서도 수시로 학생들의 꿈과 끼를 표현할 수 있는 공간을 갖게 되었다.

토끼 사육장 만들기 *계획서의 일부*

1. 동기 및 목적

- 출생부터 성장까지 관찰하기 위해 기를 동물 선정(3학년 '과학과 동물의 한 살이')
- 토끼들을 닭장과 분리하여 안정적인 사육 환경 조성
- 계획과 과정에 학생이 함께 참여하여 문제 해결 과정에 주안점을 둠
- 전체 학년이 참여할 수 있도록 역할을 구체적으로 나눔

2. 교육과정 재구성

학년	1학년	2학년	3학년	4학년	5학년	6학년
참여 부분	참관		흙언덕 만들기		울타리 만들기	지붕 만들기
활동 내용	선택적 참여		상부	기초	〈목공〉 ; 측정, 재단, 드릴 〈도색〉 ; 페인트 도색	〈도색〉 ; 토끼 얼굴 그리기 〈결속〉 ; 그물망 결속

3. 활동 계획

시기	추진 내용	세부 내용
3.21~25	학년별 역할 분담	▶ 토층, 지붕층, 울타리
3.28~1	디자인하기	▶ 내가 생각하는 토끼 언덕 그리기
4.4~8	흙 쌓기	▶ 기초 복토, 배관, 상부 복토, 주변 정리
4.11~15	지붕 구조	▶ 구조 설계, 재료 확보
4.18~4.22	폼 구성	▶ 얼굴 입체 표현을 위한 폼구성 ▶ 얼굴 도색
4.25.~5.9	울타리 골조 구성	▶ 기둥과 가로재 결속 ▶ 문짝 만들기
5.10~5.13	울타리 벽면	▶ 울타리재 재단, 결속, 도색
5.16~5.20	천정 그물	▶ 천정 및 벽면 그물처리 ▶ 토끼 방사

4. 세부 활동 과정

주요활동	활동사진	비고
예상 조감도		언덕 구조
지붕		폼 도색
울타리		
그물		

닭장 만들기 *계획서의 일부*

1. 동기 및 목적

- 출생부터 성장까지 관찰하기 위해 기를 동물 선정(3학년 '과학과 동물의 한 살이')
- 학교 옆 공원이 있어 오리를 키워 방생하려 했으나 시청 측의 거부로 무산됨
- 닭의 한살이를 보기 위해 부화기를 이용해 병아리를 부화시킴.
- 병아리가 자람에 따라 살 공간이 필요함.

2. 교육과정 재구성 — 생략(학년군 프로젝트)

3. 활동 계획

시기	추진 내용	세부 내용
3.3	병아리 부화기 구입	▶ 30만 원가량(과학기구)
4.2	유정란 구입	▶ 통신판매, 토종닭 30알 세트(2만 원가량)
4.10	이름짓기, 부화기 넣기	▶ 3학년 학생들과 이름짓기(네임펜으로 알 표면에)
4.12	상시전원 확보	▶ 부화기 운영을 위한 복도 측 상시전원 확보
4.29	육추기 제작	▶ 플라스틱 박스(60×80×40cm), 조명 설치, 톱밥
5.1	병아리 부화	▶ 실시간에 스마트폰으로 볼 수 있도록 IP카메라 설치 ▶ 병아리 항생제, 병아리용 사료 확보
5.10	야외 간이 닭장 만들기	▶ 책상(90×150×70cm)과 철망 이용
5.10	치킨하우스 설계	▶ 크기: 6mX4mX2.5m(최대높이) ▶ 주재료: 비계 파이프, 방부데크재, 한치각

5.11	공구 및 재료 구입 (210만 원)	▶ 비계 파이프: 4m-27, 6m-3개, 클램프 80, 다루끼 48(배송 포함 60만 원) ▶ 방부데크재: 12cm-80장 ▶ 실내 바닥재: 건물 공사 후 남은 플로링 사용 ▶ 철망: 1.8m-2롤, 1.5m-2롤, 1.2m-1롤(이건 남음) ▶ 기타: 시누, 노미, 굵은 철사, 가는 철사 등 ▶ 대여 기구: 원형톱, 테이블톱, 전동드라이버(6), 타카, 용접기
5.14	기초작업	틀 표시, 구멍(파이프) 파기, 수평, 직각 잡기
5.15~18	비계 파이프 골조 완성	클램프로 결합, 지표면 시멘트 처리
5.18~22	한치각 결합 완성	▶ 철사 묶음으로 고정 ▶ 발디딤틀 구성(책상과 보온천 이용) ▶ 첫 번째 재료 예시로 결합해둠
5.26~29	바닥, 벽면, 지붕 완성	▶ 망치사용법, 톱질, 드릴사용법 학습 및 연습 ▶ 5, 6학년 28명을 6모둠으로 구성, 모둠별 보조교사 ▶ 바닥, 좌측면, 우측면, 전면, 후면, 철망모둠으로 구성 ▶ 6개 드릴로 나사못으로 고정 ▶ 절단 전문 보조교사 지원 ▶ 작업 후 오일스텐 처리 ▶ 비계 파이프 녹색 페인트 칠 ▶ 철망 지면 보도블럭 재로 마감
5.29	치킨하우스 입주	▶ 3학년 학생들

4. 세부 활동 과정

주요활동	활동사진			비고
병아리 부화	 알콤 부화기	 갓 태어난 병아리	 육추기	상시전원 IP카메라 설치

주요활동	활동사진			비고
치킨 하우스 설계	 구조 모델	 외형 모델	 최종 설계	2층 구조 산란장
도면 구상	 전체	좌측면 전면	 우측면	모둠별 구분
	 지붕	 후면(산란장)	 바닥	
미니어처	 교사 제작	 학생 제작		나무저 우우깡
작업과정 - 기초1	 장소 선정	 수평 작업	 기본 골조 세움	발디딤틀 골조 생성 지반 처리

주요활동	활동사진			비고
작업과정 - 기초2	 좌측면	 전면	 우측면	발디딤틀 마련-책상 목조골재 결합-철사
작업과정 - 본체	 전면 작업	 우측면 작업	 후면-산란장	나사못 드릴이용
	 실내 바닥	 좌측면	 철망작업	지붕작업 -교사만
정리 및 입주	 문짝, 오일스텐 칠	 바닥정리	 닭 입주	14마리 입주 우물, 모래목욕탕 토끼굴

5. 완성

완성도

설계도

6. 활동 평가

강점	약점	개선할 점
▶ 학생들이 매우 흥미롭게 참여 - 어려운 과제에 더 동기유발 ▶ 교원 간 공감 형성 - 활동 과정에서 연대와 공감 ▶ 학생들의 마음의 휴식 공간 - 생명과 대화하며 놀이 ▶ 생명의 소중함을 이해 ▶ 치밀한 계획과 재료 확보	▶ 공구 부족 - 인근 학교 대여 ▶ 교육과정의 부담(시간 확보) ▶ 외부 조력자(전문가) 확보 ▶ 재료 확보 과정에서 절차상 어려움-주문, 결제, 운반 등 ▶ 행정실 조력 미흡 - 교육적 의미 인식 부재 ▶ 교육과정 재구성 논의 미흡 ▶ 관리 문제(사료 등 운영비)	▶ 지속 가능한 프로젝트화 - 특정 학년 고정 ▶ 목공 실습 장비 마련 - 전기톱, 드릴, 타카, 관리기, 손수레 ▶ 실습 특성상 간식 제공 방안 ▶ 외부조력자 연계 ▶ 예산 절감을 위한 결제 과정 간소화

학생 카페 만들기 *계획서의 일부*

프로젝트 소개

- 학생, 교사, 학부모의 쉼의 공간을 마련하기 위해 공간프로젝트 운영
  진을 구성하고 카페를 꾸미며 운영한다.

프로젝트의 실제

○ 관련 교과 또는 동아리 활동
- 범교과 무학년제 운영으로 공간프로젝트 운영진을 공개 모집하여
  공간 꾸미기

○ 프로젝트를 위해 진행한 내용
- 공간프로젝트 운영진 모집

구성	-	이름
학생 (11명)		(열매1) 김하*,최정*, 고서*, 박예* (열매2) 조효*,지정*, 김건*, 장서* (열매3) 박소*, 이주* (열매4) 권해*
학부모		김지*, 김효*
교사		김상*, 나유*

- 공간 구성 과정

단계	활동내용	활동결과
1차 협의	우리가 필요한 공간?	조용하고 음악을 들을 수 있는 공간이면 좋겠다. 누워서 쉴 수 있는 공간, 이어폰을 가져와서 각자 음악을 들을 수 있는 공간 학부모와 아이들이 함께 소통할 수 있는 곳(체험활동을 함께하는 공간) 우리 학교의 온기를 느낄 수 있는 공간(사방 스냅사진 전시) 보드게임이 많은 놀이 공간이면 좋겠다.
	현재 모습	가구들이 불안정하고 상처가 있다. 의자 다리가 휘어져 있어 위험하다. 방충망이 찢어졌다. 문 닫을 때 벽이 흔들린다. 뾰족한 곳이 있다. 쓰레기가 바닥에 많다. 소파가 망가져 있다. 공간이 좁아요. 저학년 접근성이 떨어져요. 유리로 되어 있어 밖에서도 너무 잘 보여요. 5~6학년이 같이 쓰는 점, 냄새가 난다. 보드매트가 안 나온다. 보드게임이 적다. 창문 없는 곳도 있다. 시계가 고장났다. 덥다. 불이 안 들어온다. 문소리가 크게 난다. 테이블이 파여있다. 낙서가 많다. 책상의 칼자국. 냉난방 어려움. 바닥 청소가 쉽지 않음. 시끄럽고 뛰어다닌다. 답답하다.
	꿈꾸는 공간의 모습	스피커(노래 듣게), 보드게임(놀이하려고), 폭신폭신하고 말캉말캉한 소파가 있으면 좋겠다. 네모난 소파가 있고, 간식과 마실 것이 있으면 좋겠다. 소파는 원형으로, 의자는 도서관 의자(철재)로 바꾸면 좋겠다. 공간을 더 넓혀서 한쪽은 책상과 의자를, 또 한쪽에는 소파와 침대를 놓는다. 예쁜 테이블, 시계, 장식품 등 방음이 잘 되면 좋겠다. 누구의 시선에도 간섭받지 않는 편안한 공간이면 좋겠어요. 부드러운 카펫이 있으면 좋겠고, 냉난방도 잘 되면 좋겠습니다.
2차 협의	공간의 성격, 현황 분석, 역할 분담, 공간아이디어	
3차 협의	공간의 범위, 크기	- 공간 기본 구조 설계 - 놀이기구 알아보기 - 필요한 가전제품 등 알아보기 - 의자, 소파 등 휴게공간 비치물 - 벽 꾸미기 - 천장 조명 등

단계	활동내용	활동결과
4차 협의	미니어처 만들기	
5차 협의	안전 및 세부 구조 설계	
6차 협의	시설물 설치를 위한 청소	
공간 구성 전개		목조구조물 용역 의뢰

*야외무대 제작 계획서*의 일부

1. 목적

- 상설 발표 무대를 마련하여 학생들의 예술적 표현 기회 제공

2. 방침

- 기존 환경을 최대한 활용하는 자연친화적인 구성

- 주변 반사 음향을 고려하여 야외 음악회 최적의 공간 선정

- 접근성과 안정성 고려

3. 위치

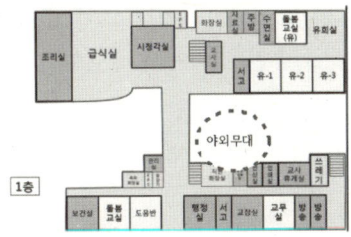

4. 구조도

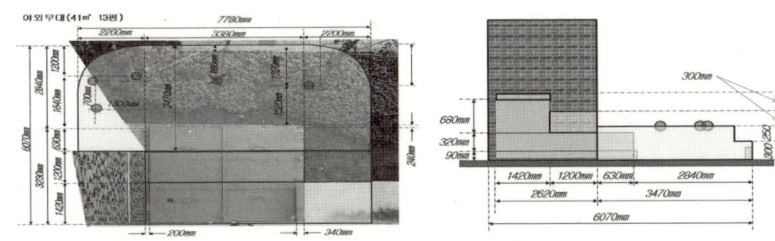

지하 기계실 개폐장치 상부를 포함해서 설치하되 개폐장치 개방이 가능하도록 모듈로 제작. 하중의 안전성을 위해 하부를 아연각관 용접. 상부 방부목 마감. 중앙 식재를 제외한 나무 최대한 살림.

5. 제작 일정

날짜	내용	비고
~8.10	설계 검토	
8.10.~8.15.	업체확정	
8.16.~9.30.	시공 및 검사	

2014년 개교를 준비하고 차암초등학교가 개교 후 10년 이상의 시간이 흘렀다. 워낙 오래전 일이라 떠올리는 데 하나하나 시간이 필요했던 부분이라 차근차근 더 자세히 정리하지 못해 아쉽다. 그럼에도 차암에서의 기억은 교사로서 오래 간직될 소중한 기억이자 경험이다.

03

처음의 마음으로, 혁신의 길을 잇다

장 군 (충남도교육청 장학사)

2015년, 천안차암초등학교(이하 천안차암초)에서 첫 근무를 시작했다. 올해로 꼭 10년이 지났다. 2018년까지 4년간 지내는 동안, 추억의 보정을 고려하더라도, 그 기간은 교사 생활 중 가장 빛나던 시절이다. 더 정확히 말하자면, 빛나는 이들과 함께하던 시절이다. 무엇하나 쉬운 일은 없었고, 때로 분주함에 지치기도 했지만, 결코 소모되지 않았다. 고되지 않았다면 거짓말이겠지만, 그 피로를 해소하고도 남을 만큼의 기쁨이 있었다. 함께한다는 것, 연대나 협력으로 표현하는 것만으로는 아까운 그 마음의 물결들! 돌이켜 보면, 그 마음과 손길, 눈길 속에서 더없이 행복한 나날을 보냈다. 멋진 날들이었다.

10년이 지났으니 강산이 변한 만큼 학교도 바뀌었다. 그때의 경험을 이야기하는 것이 최근 학교의 변화와 잘 맞물릴 수 있는지는 모르겠다. '그때는 맞고 지금은 틀린' 일이 될까 걱정이다. 무엇보다 기억을 되짚어야 하는 일이라 세부적인 것이 부정확할까 우려스럽다. 그럼에도, 그때 추구하던 교육의 본질과 지향이 지금 혁신학교 철학과 어긋난다고 보지는 않는다. 가장 중점을 두고 노력했던 학교교육과정 수립, 민주적인 협의 문화 구축, 전문적학습공동체 운영에 관해 이야기해 보겠다. 기록이 남아있지 않아서 주로 개인적 소회를 토대로 하겠지만, 도움이 되기 위해 실제 운영 사례를 간략히라도 남겨 보려 한다.

학교교육과정 수립

천안차암초는 혁신학교로 출발했다. 신설학교로서 개교와 함께 준비했기에 업무적으로는 당연히 바쁠 수밖에 없었지만, 모든 바탕부터 새롭게 할 수 있다는 점은 오히려 좋은 기반을 다질 기회가 되었다. 2014년 12월 교감, 교장 선생님을 비롯한 8명의 선생님과 본격적으로 개교준비위원회 활동을 시작했다. 학교 비전 수립부터 업무 편성까지, 손 닿지 않는 곳이 없을 만큼 방학 내내 개교와 혁신학교 준비에 몰두했다. 지금 그 일을 반복하라고 제의하면 단박에 손을 내젓겠지만, 그때는 그 피로조차 느끼지 못했다. 그 까닭은 지금도 주저 없이 말할 수 있다. 동료가 있었기 때문이라고.

먼저, 개교준비위원부터 참석해서 이후 천안차암초 교장, 교감, 교무 선생님으로 활동하신 세 분 선생님의 리더십은 늘 크나큰 힘이 되었다. 리더십의 중요성을 새삼 강조할 필요는 없을 것이다. 리더십에는 구성원의 목표나 비전을 제시하는 변혁적 리더십부터 경청과 공감을 기반으로 구성원의 성장을 돕는 서번트 리더십까지 다양한 유형이 있다. 사실, 리더십은 학교 상황과 여건 및 구성원의 특성을 감안하여 그에 걸맞은 리더십을 발휘할 필요가 있다. 예를 들면 구성원의 자율성이 높고, 규모가 큰 학교라면 분산적 리더십을, 구성원의 소통이 부족하거나 갈등이 심하면 감성적 리더십을 염두에 둘 필요가 있을 것이다.

세 분 선생님은 그 역할을 너무도 훌륭히 해주셨다. 적절한 포지션에서 적절한 지원과 적절한 개입—지금 생각해도 학교에서 쉽게 만나기 어려운 분들이다. 물론 이런 리더십 또한 구성원의 팔로워십보다 우선할 수는 없을 것이다. 추억은 다르게 적히기에, 모든 구성원이 만족을 느꼈는지는 알 수 없지만, 이 학교를 떠나는 것이 아쉬울 만큼 근무하는 동안 많은 선생님께 좋은 영향을 받았다. 아이디어와 자원을 공유하고, 공동 작업을 하고, 광범위한 토론을 펼칠 수 있었던 환경, 물론 그 여건은 주어진 것이 아니라 천안차암초 구성원이 만들어 간 것이다. 그리고 그 면면은 학교교육과정에 매우 잘 드러나 있다.

천안차암초의 교육과정은 '일러두기'에 잘 명시된 것처럼 먼저, 까닭을 담은 교육과정으로 수립했다. 그동안 학교교육과정이 '무엇을 하는가?'에 초점을 맞추었다면, '왜 하는가?'를 물은 셈이다. 또한 방향을 담은, 원칙을 담은 교육과정이었다. 구체적 지침보다는 학교 구성원이 지향해야 할 바를 담는 데 주력했다. 당연히 이 방향과 원칙은 어느 날 누가 갑자기 정한 것이 아니라 2015년부터 구성원의 논의와 숙의를 통해 정선된 '최소한의 합의'다. 그런 까닭에 새로운 제안과 합의가 있기 전까지는 이 학교교육과정을 모두가 존중하는 것이 공동체성을 유지하는 것이라 여겼다. 그리고, 이 모든 것은 학교교육과정 안에 '해설'이라는 특별한 형태로 곳곳에 표현되었는데, 이를테면 다음과 같은 것들이 그러하다.

[교목: 소나무, 교화: 개나리]에 대한 해설

교목 소나무, 교화 개나리. 일면 평범해 보이는 이 상징이 가치 있는 것은, 이것이 공모 형식을 통해 교육 공동체의 참여로 이루어졌기 때문입니다. 우리는 대단한 의미를 담는 대신 소중한 의견을 담은 셈이지요. 우리 학교 상징의 기원이 교육 공동체 모두에게 있다는 점은 우리를 내내 돌아보게 할 것입니다.

[차암교육과정 수립 과정]에 대한 해설

본교 교육과정 수립 과정은 우리 학교의 문화와 지향을 단적으로 보여줍니다. 이 교육과정은 한 교사 개인이 '업무 담당'자가 되어 '일괄' 작성한 '문서'가 아닙니다. 이 교육과정에는 차암 구성원들의 지혜와 경험, 안목이 고르게 숨어 있고, 곳곳에서 발현하고 있습니다. 한 사람의 헌신과 뛰어난 성취로 이루어진 것이 아니라 집단 지성의 힘으로 이루어진 것입니다. 이 교육과정은 그래서 완성으로서의 교육과정이 아니라 과정으로서의 교육과정입니다. 비우고, 덧대고, 채우는 교육과정입니다. 그리고 그러한 모든 순간에 차암 구성원의 목소리가 함께한다는 점에서 이 '과정'이, 이 발자취 자체가 차암 교육의 진정한 알맹이입니다.

[특색교육: 경험과 상상의 힘! 차암 좋은 주제통합+프로젝트]에 대한 해설

경험과 상상은 학생이 성장하는 두 방식입니다. 우리는 이를 주제통합+프로젝트 학습으로 이루려고 합니다. 주제통합+프로젝트 학습은 교육 공간으로서 학교, 학습 자원으로서 교과서, 교수 대상으로서 학생이라는 일반적인 통념을 뒤엎습니다. 교육 공간은 더 이상 학교로 국한되지 않고, 학습 자원도 교과서에 머물지 않습니다. 학생 또한 대상화하지 않고 주체로 자리하게 됩니다. 이에 따라 주제통합+프로젝트에서 교육과정 문해력을 바탕으로 한 재구성은 필수 요소가 됩니다.

물론 교육과정 재구성 방안으로 주제 중심 통합이나 프로젝트 접근법 외에도 다양한 재구성 방안이 있을 수 있습니다. 또한 우리가 주제통합과 프로젝트에 관해 공통된 인식을 하고 있다고 보기도 어렵습니다. 오히려 주제통합과 프로젝트의 정의나 성격, 실행에 관해 서로 다른 상을 갖고 있는 것으로 보입니다. 그러나 그러한 차이에도 불구하고, 그러한 차이 덕분에 네 해 동안의 실천 속에서 실패와 성공을 가르는 것이 우스울 만큼 '특'별하고 '색'깔 있는 공동 경험을 쌓아 왔습니다.

그렇기에 우리는 주제통합+프로젝트를 여전히 특색교육으로 삼는 것을 주저하지 않습니다. 경험+상상, 주제통합+프로젝트, 이것은 단순한 합산이 아닙니다. 경험은 상상을 현실로 만들고, 상상은 경험을 미래로 이끕니다. 주제통합+프로젝트를 우리 학교의 자랑이라고 부를 수 있는 이유가 여기 있을 것입니다. 물론 우리의 궁극적인 바람은 이것이 '특색'으로 구별되는 것이 아니라 일상적인 교육으로 자리매김하는 것입니다. 우리의 특색교육은 항시적이기 위해 한시적입니다.

[학년회의] 운영 원칙

가. 학년회의는 기본적으로 학년 단위로 구성하되, 소규모 학년의 경우 학년(군)으로 운영할 수 있다.

나. 학년회의는 협력적 관계를 기반으로 한다.

다. 학년회의는 특별한 사정이 없는 한 학년의 모든 교사가 참여한다.

라. 학년회의는 학교 및 학년업무 처리 및 논의, 교육과정 관련 협의를 필수적으로 포함한다.

마. 학년회의를 위한 별도의 요일(목요일)을 확보하고, 주 1회 필수 운영한다.

바. 학년회의에서 주요 논쟁적인 사항은 기획회의나 교직원회의에서 반드시 제기되어야 한다.

사. 학년부장은 학년회의를 민주적으로 운영해야 할 의무가 있다.

아. 학년부장은 개인 의견보다 학년의 의견을 우선해야 한다.

자. 학년부장은 필요할 경우, 교사가 동의할 때에 한해 일부 업무를 맡길 수 있다.

물론, 지금은 천안차암초등학교 교육과정이 어떻게 변화해 왔는지 잘 알지 못한다. 천안차암초를 떠난 지 한참이 되었으니 구성원과 교육의 변화에 맞물려 천안차암초의 학교교육과정도 사뭇 달라져 있을 것이다. 물론 이는 환영할 만한 일이다. 6년 전 학교교육과정의 일러두기 마지막에는 다음과 같은 문구를 남겨 두었다. 이 문구처럼, 모두의 지혜와 안목이 발현되는, 모두가 제안하고 참여하는 학교교육과정이 지속되었기를 바란다.

[차암교육과정 일러두기 중 일부]

본교의 학교교육과정은 '이미 완성된' 교육과정이 아닙니다. 그 형식부터 내용까지 구성원의 사유를 최대한 담아내기 위해 반드시 변화해야 하는 교육과정입니다. 학교교육과정이 '캐비넷 교육과정'이나 '문서 더미'로 전락하지 않기 위해서는 모두의 지혜와 안목, 참여가 필요합니다.

민주적인 협의 문화 구축

민주적인 협의 문화는 천안차암초의 오래된 과제이자 숙제였다. 단위학교에서 민주적 협의 문화는 학교 자치와 학교 민주주의를 구현하는 핵심 토대이기 때문이다. 먼저, 우리는 현재 학교의 협의 문화는 어떠한지 들여다보는 것으로 시작했다. 굳이 나누자면, 학교에서 공식적인 협의 체제로는 교직원회의, 부장회의, 각종 위원회와 협의회 등이 있다. 반면, 비공식적인 협의 체제로는 학년·교과모임, 교사 동아리 활동 등이 있다. 전문적학습공동체와 전통적인 학년 및 교과 협의회는 단위학교마다 구현 양상이 다른 까닭에 준공식적인 체제로 보는 것이 가장 합당할 것이다.

모두가 잘 경험한 것처럼 학교에서 회의는 의견을 교환하는 자리가 아니었다. 교직원회의는 부서 업무를 안내하는 자리였고, 토론이 이루어지는 경우는 희귀했다. 엄기호(2013)가 말한 것처럼 "교사들은 각자 자신의 책상으로 고립"되어 "천 개의 섬"으로 떠 있었다. 사실 학교 공간에서 토론 부재에 대한 한탄은 어제오늘의 이야기가 아니다. 교사 문화에 관한 여러 선행 연구에서 침묵 문화가 빠지지 않고 언급되는 것도 바로 이 때문이다. 그렇다면 왜 학교에서 협의 문화는 좀처럼 형성되지 않는 것일까? 사적인 정보 공유와 뒷담화를 공적 차원에서 공론화할 수 있는 시스템을 마련하기—일단 여기에 초점을 두었다.

처음에는 의사 결정의 3원 체제를 구축하는 데 노력했다. 먼저, 가장 낮은 단계인 기본 전달과 간단한 안내는 학내 메신저로 가름하고, 중간 단계인 일정 조정 등 소소한 의사 결정이나 모두가 알고 있어야 할 사항, 회의 결과 등은 공적 SNS를 통해 공지했다. 마지막으로, 가장 높은 단계라 할 수 있는 전직원 회의에서는 토론이 필요한 사항을 논의하고 결정했다. 각각의 체계에도 일정 정도의 원칙이 있어서, 학내 메신저는 수업 시간에는 원칙적으로 발송할 수 없었다. 물론 이것이 말끔히 작동하고 매끄럽게 모두가 수용한 것은 아니다. 예를 들면, 퇴근 후나 주말에 주로 교무업무전담팀에서 공지되는 SNS는 논란이 많았으나, 모두가 만족할 만큼 제대로 해결하지는 못했던 것으로 기억한다.

회의 문화 바꾸기를 위해 가장 집중한 것은 교직원회의의 의결기구화였다. 학교에서 토론과 협의가 부족한 이유 중 하나로 비대한 학교장의 권한에서 비롯된 교사의 무력감과 냉소주의가 있다. 즉, '말해봤자 소용없으니 말하지 않겠다'는 것이다. 어차피 관리자가 결정할 것을 말해서 무엇하리! 이를 극복하는 것은 선생님들의 언어가 실행을 추동하도록 힘을 실어주는 방법밖에 없다. 즉, 교직원회의를 심의는 물론 실질적인 의결 기구 체제로 만드는 것이 필요하다. 물론 교직원회의는 법적으로 의결 기구 체제가 아니다. 그런 까닭에 관리자는 물론 몇몇 교사에 의한 독단적인 결정은 물론 회의 결과에 대한 번복마저 발생한다.

천안차암초는, 비록 법률적으로 인정받지는 못하겠지만, 교직원회의에 대한 내부 규약을 명문화하여 실질적으로 작동할 수 있도록 자체적으로 교직원회의 규정을 수립했다. 문제가 없었던 것은 아니지만. 이 규정은 대체로 잘 수용되었고, 교직원회의의 민주성과 함께 효율성까지 담보해주는 중요한 바탕이 되었다. 일부 내용을 소개하면 다음과 같다.

[천안차암초등학교 교직원회의 규정] 중 일부

제4장 교직원회의 기능

제10조(원칙) 민주적인 학교문화 구축을 위해 교직원회의는 다음 각호의 원칙에 따라 운영한다.

1. 교직원회의의 토론과 심의는 교직원 각 구성원의 의견을 충분히 존중하고, 소통과 상호협력을 위한 민주적인 방법으로 진행하며, 일반적 회의 규정에 준하여 시행한다.

2. 교직원회의 심의 결과에 대해 학교의 장은 특별한 사유가 없는 한 이를 수용하여 결정사항을 시행한다. 다만, 학교의 장은 교직원회의 심의 결과에 이의가 있을 때 교직원회의에 재심의를 요구할 수 있다.

3. 기심의 의결되어 이미 실행하고 있는 사항은 특별한 사유가 없는 한 해당 학년도에는 재심의 의결하지 않는다. 다만 교직원회의의 심의 사항이 법령, 조례, 또는 학교철학을 바탕으로 한 공동 원칙에 위반되거나 이를 이행함에 현실적으로 현저히 곤란한 사유가 있을 때는 위원 누구나 재심의를 요구할 수 있다.

4. 재심의를 요구하는 경우에는 사전에 재적 위원 1/5 이상 또는 교사 위원 1/4 이상의 동의를 얻어야 한다.

5. 재심의는 각 사안마다 연 1회로 제한한다.

6. 교육과정 평가회의 경우에는 제10조 4항을 충족한 것으로 본다.

제6장 교직원회의 심의 절차

제17조(심의 절차) 교직원회의의 심의 사항이 있을 경우 다음 각호의 절차에 준용하여 심의한다.

1. 충분한 논의와 협의 과정을 거쳐 합의하는 것을 원칙으로 하며, 필요에 따라 모둠 토의를 비롯한 다양한 토론 방식을 선택할 수 있다.

2. 합의가 필요한 사안임에도 논의와 협의 과정에서 합의가 이루어지지 않는 경우에는 재논의를 포함하여 결정을 보류하거나 투표로 사안을 심의하되, 이는 참석위원 과반수로 결정한다.

3. 투표는 참석위원 1인 1투표이며, 방식은 거수 또는 무기명으로 한다.

4. 무기명 투표는 참석 위원 1인의 요구, 2명 이상의 재청이 있을 경우에 실시하며, 요구가 없을 경우는 거수로 투표한다.

5. 심의 사항 및 재심의 사항은 참석위원의 2/3 이상으로 의결한다. 단, 심의 사항이 3안 이상으로 제안된 경우에는 빈도가 높은 두 안으로 결선투표를 진행한 후 과반수로 의결한다.

민주적 협의 문화는 학교 교육활동의 밑절미다. 교육에 대한 고민을 공론화하고, 이를 공동 논의를 통해 해결해 가는 과정, 민주적 협의 문화는 바로 이런 과정을 별난 이벤트가 아니라 일상으로 받아들이게 해준다는 점에서 가치가 있다. 학교 민주주의의 첫걸음은 공동 문제를 발견하고 이를 해결하기 위해 함께 논의하는 것이다. 그렇기에 민주적 협의 문화는 단숨에 또는 자연적으로 완성되지 않는다. 도움은 되겠지만 어떤 규정이나 제도의 변화, 뛰어난 리더의 결단만으로 구현되는 것도 아니다. 결국 민주적 협의 문화는 교사 개개인이 먼저 민주주의자가 될 때 비로소 빛을 발하는 것은 아닐까.

전문적학습공동체 운영

학년·모임이나 학년 협의회가 교사들이 필요에 따라 자생적으로 구성하는 비구조적 협력 관계라면, 전문적학습공동체는 고안된 동료적 협력 관계에 가깝다. 이는 전문적학습공동체가 특정한 목적으로 구성된 의도적인 모임이라는 뜻이다. 학교를 개혁하는 중요한 방법으로 전문적학습공동체에 주목하는 까닭도 이 때문이다. 즉, 전문적학습공동체가 동료성을 바탕으로 회의 문화나 수업 등 관행처럼 굳어진 기존 학교 문화를 안에서부터 변화시킬 수 있다는 기대 때문이다. 특히, 위로부터의 개혁 정책이 아닌 아래로부터의 학교혁신이라는 점에서 의의가 더욱 크다 하겠다.

주지하듯이, 전문적학습공동체는 교사 각자가 분투하는 것을 넘어 연대하고 협력할 수 있는 매력적인 방안이다. 물론 연대와 협력은 쉽지 않다. 그렇기에 학교 단위에서 제대로 가동하는 전문적학습공동체를 구성하는 것은 만만치 않다. 전문적학습공동체 또한 정책으로 받아들여 학교에서 업무 할당으로 여기는 경우도 적시 않고, 때로 사발성을 잃고 내용 없이 협력만 강요하는 경우도 있다. 기실 교사 내부로부터 발현하는 것이 아닌 외부에 의해 강제된 전문적학습공동체는 여러 부작용이 발생하기 마련이다.

그러나, 교사학습공동체 구성을 오로지 교사의 자발적 선택에 맡길 경우, 개인주의와 고립주의 문화가 만연한 학교의 특성상 이의 구성 자체가 불가능한 경우가 다반사다. 그렇다고 전술한 것처럼 이를 강제하면 무늬만 있는 협력과 연대로 회피한다. 여기서 딜레마가 생겨날 수밖에 없다. 천안차암초의 경우도 이 딜레마에서 예외일 수 없었다. 그럼에도 전문적학습공동체가 학교 공동체를 구원하는 힘이 있다고 믿었기에, 일단 시작하면서 원칙을 만들어 갔다. 여러 우여곡절이 있었고, 해마다 조금씩 변하기도 했지만 일단 그 원칙은 다음과 같이 합의되었다. 물론 이 또한 생각의 차이가 있어, '완전한 자발적 선택인가?', '공동 책임과 리듬이 우선인가?', '전문적학습공동체는 무엇을 지향해야 하는가?' 등의 논의는 이후에도 꾸준히 지속되었다.

[전문적학습공동체] 운영 원칙

가. 전문적학습공동체는 학년학습공동체와 무학년학습공동체로 구분한다.

나. 학년학습공동체는 학년별 모든 교사가 참여하고, 무학년학습공동체는 희망 교원에 한해 참여한다.

다. 학습 주제와 내용은 전문적학습공동체가 구성되면 학습공동체 내에서 협의를 통해 결정한다.

라. 학년학습공동체를 위한 별도의 요일(수요일)을 확보하고, 주 1회 필수 운영한다.

마. 무학년학습공동체는 자체적으로 요일을 정하고 구성원 합의에 따라 운영한다.

바. 전문적학습공동체는 학기 말 교육과정 평가회 때 주제 발표 시간을 갖고, 이를 공유한다.

사. 전문적학습공동체 지원을 위한 예산을 확보한다.

구분	학년학습공동체	무학년학습공동체
내용	단위 학년 수업 설계-실행-성찰	인식을 고양하고 확장할 수 있는 모든 학습
구성원	모든 학년 교사 참여	희망 교원 참여(제안 후 희망 교원 모집)
시기	주 1회(수요일) 운영	구성원 합의
공유	교육과정 평가회(7월, 12월)	구성원 합의에 의거(교육과정 평가회 권장)

대략 설명해 보면, 전문적학습공동체 참여는 교원의 자발성을 우선하되 '공동의 리듬도 고려하자'라는, 모호하다면 모호한 쪽으로 합의되었다. 처음에는 일종의 반(半)자발성을 긍정하여, 일단 모두 어떤 전문적학습공동체라도 참여하되, 일정 정도 참여 후 개인의 판단하에 참여 지속 여부를 자유롭게 정하는 것으로 합의했다. 그러나 최종 정리된 상황은 위 자료에서 보듯, 학년학습공동체에는 의무적 참여, 무학년학습공동체에는 선택적 참여로 정리되었다. 학년학습공동체에 필수적으로 참여해야 하는 까닭은 그것이 학년협의회의 역할을 하면서, 함께 수업을 준비하고 연구하는 자리이기 때문이다.

학년학습공동체와 무학년학습공동체를 병행한 이유는 전문적학습공동체의 지향점에 대한 의견이 팽팽하게 맞섰기 때문이다. 어떤 선생님들은 전문적학습공동체가 단위 학년의 교육과정과 수업을 설계, 실행, 성찰하는 집단적 탐구와 실천을 해야 한다고 말씀한 반면, 어떤 선생님은 그것을 인정하지만 전문적학습공동체는 자기 성찰과 함께 보편적 인간으로서 지식과 감성의 고양이 이루어지는 자리가 되어야 한다고 했기 때문이다. 결론적으로 전자는 교육과정과 수업을 고민하는 학년학습공동체로, 후자는 인문학 공부를 함께할 수 있는 무학년학습공동체로 공존하게 되었다.

개인주의 풍토가 만연한 오늘, 함께 논의하고 협력하는 전문적학습공동체는 이제 낭만처럼 들릴지도 모르겠다. 그러나 교사 혼자 묵묵히 감당하며 교실이라는 밀실에 갇혀 있는 것이 능사는 아닐 것이다. 전문적학습공동체는 말 그대로 교사의 전문성이 잘 표현되게 하고, 함께 서로의 성장을 북돋아 줄 수 있는 특별한 공부의 기회다. 교사로서의 '전문성'과 실천적 지식으로서의 '학습', 호혜성과 동료성을 기반으로 한 '공동체'로서 전문적학습공동체는 여전히 학교 문화를 근본적으로 개혁하는 힘이다. 공유하는 가치를 지니며 상대주의에 매몰되지 않으면서도, 다른 가치에 열려있는 공동체를 꿈꾸어 본다.

04

지금의 나를 만들어 준,
잊지 못할 학교

이유진(아산초 수석교사)

2015년도에 대구에서 천안으로 옮기면서 혁신준비학교이자 개교학교였던 천안차암초등학교에 발령받았습니다. 본의 아니게 혁신학교 개교 멤버가 되어 2015년부터 2022년까지 8년간 차암초등학교에 머무르게 되었지요. 8년이라 함은 유예 1년을 포함하여 6년 근무, 2년 육아휴직으로 채워집니다. 마지막으로 근무했던 2022학년도가 기억납니다. 개교 멤버들은 거의 대부분 다른 곳으로 전근했기에 제가 차암초에서 가장 오래 근무한 교사였습니다. 아, 2015년 신규 발령으로 오셨다가 군 복무를 마치고 복직하신 선생님도 계셨어요. 당시 교사 동아리와 무학년 전학공 활동이 활발히 이루어지고 있었습니다. 저 또한 인문학 전학공 모임에 소속되어 로이스 로리의 『기억 전달자』를 함께 읽은 것이 생각납니다. 그 책 주인공의 임무는 '기억 보유자'로, 선대 '기억 보유자'였던 분께 기억을 전달받는 역할이었습니다. '차암초에서의 역할이 바로 이거다!'라고 알려주는 듯했지요.

차암초는 혁신학교의 기본 원리인 자발성과 민주성이 바르게 정착되어 있어서 민주적 의사결정 체제가 잘 구축되어 있었습니다. 교육과정 운영 관련해서 기획회의나 교육과정평가 기간에 함께 모여 논의하고 같이 결정한 내용이 꽤 많았어요. 개교 후 초기 몇 년 동안은 교육과정 평가도 3일 동안 밤 9시까지가 기본이었는데, 치열하게 논의하여 결정된 것이 실현되는 것을 계속 경험하면서 회의를 좋아하게 되었지요.

남겨진 회의 기록으로는 잘 알기 어려운 내막들, 왜 이런 논의를 하게 되었는지, 어떤 과정을 통해 결정되고 이렇게 이어져 왔는지에 대한 저의 기억과 경험을 전달해주는 역할이 뿌듯하면서도 의미 있게 느껴졌습니다. 마치 차암초에서는 제가 '기억 전달자'가 된 것 같았지요.

처음으로 학교에 발을 들인 날을 잊지 못합니다. 2월이지만 아직 교실 실내 마무리 작업 중이어서 행정실에 모두 모여있었어요. 어린 둘째를 태운 유모차를 끌고 행정실에 들어갔더니 선생님들께서 삼삼오오 모여계셨습니다. 개교 첫해는 학년마다 2학급이고 1학년만 3학급이었는데 저는 1학년 담임이었어요. 점심 식사 후 입학식 관련 이야기를 나누었습니다. 한 선생님이 말씀하셨지요. 입학식 때 학교에 처음 온 1학년 학생들이 '학교는 참 재미있고 즐거운 곳이다'라고 느끼면 좋겠다고요. 그래서 학교는 가고 싶은 곳, 즐거운 곳이라고 인식하게 되면 좋겠다고 하셨어요.

그 이야기를 듣고 다른 선생님께서 이어서 말씀하셨지요. 아이들은 놀이공원 가는 것을 좋아하는데, 놀이공원에 가면 캐릭터 인형들이 있지 않느냐. 마치 놀이공원에 간 것처럼 캐릭터 인형들이 교문을 들어서는 1학년 신입생들을 맞이하면 좋겠다고요. 그랬더니 또 다른 선생님께서 핸드폰을 열심히 들여다보시더니, 이 사이트에서 인형 탈을 대여할 수 있는데 이 캐릭터 어떤지 물어보셨고, 그러다가 그중 3개의 인형을 선택하게 되었어요. 뽀로로와 미키, 미니마우스.

그렇게 해서 대여한 인형 캐릭터 복장과 탈은 1학년 담임교사들이 착용하게 되었고, 학생들이 좋아하는 캐릭터가 되어 입학식 날 교문을 들어서는 학생들을 열렬히 환영했답니다. 마술 공연이 끝난 뒤, 율동과 함께 축하 공연까지 하고 바로 1학년 담임교사 소개가 이어졌어요. 무대에서 인형 탈을 벗으면서 땀 흘리며 상기된 얼굴로 인사하던 장면들이 취재 오신 분들의 카메라에 담겨 '충남교육 생생현장' 영상으로 남아있답니다. 평생 잊지 못할 입학식의 한 장면이 될 거예요.

차암초등학교의 첫인상은 바로 이거였어요. 말로 꺼낸 것이 실행되며 이루어지는 곳! 저는 인형 탈 이야기가 나왔을 때 농담인 줄 알았거든요. 제가 인형 탈을 쓰고 율동을 하게 될 줄은 생각지도 못했어요. 그 후로 천안차암초등학교는 누구나 참신하고 기발한 아이디어를 꺼낼 수 있으며, 꿈꾸던 교실·꿈꾸던 학교를 만들 수 있는 곳이 되었습니다.

학생들을 위해 직접 준비한 선생님 소개 시간 학생과 학부모에 큰 호응

이런 학교에서 8년 동안 적을 두고 6년 동안 근무할 수 있었던 저는 정말 행운이었고, 교사로서의 자존감도 높아지는 경험을 하며 행복하게 지냈습니다. 마음 맞는 선생님들과 학생의 성장을 최우선으로 하나하나 소통하며 많은 것을 느끼고 배웠어요. 닮고 싶은 분들을 만났고, 열정 어린 땀방울을 보았으며, 학생·학부모·교사—교육 3주체의 끈끈한 동지애를 경험했습니다. 지금의 저를 있게 한, 잊을 수 없는 감사한 학교입니다.

6년간 근무하면서 가장 강렬했던 경험은 화재가 났을 때입니다. 증축 공사하던 건물 외벽 단열재에 불이 붙으며 화재가 발생했어요. 2019년 1월이었지요. 당시 저는 처음으로 교무부장을 했고, 학년 마무리를 앞두고 있던 시기였어요. 영어전담으로 영어실에서 수업하고 있었는데, 교감선생님께서 화재 대피 안내방송을 하셨어요. 교감선생님의 기지로 대피 훈련 때 모였던 운동장이 아닌, 후문 밖으로 이동하라고 담담히 말씀해주셨어요. 평소 화재 대피 훈련하는 것처럼 학생들과 걸어서 교문 밖으로 이동했습니다. 기존 건물 뒤로 이동했기에 학생들은 신축동에 났던 화재 현장을 대부분 직접 목격하지 않고 대피할 수 있었어요.

인원 파악하고, 놀라서 달려오신 학부모님들께 학생들을 인계한 후 아직 부모님을 만나지 못한 학생들을 데리고 아파트 도서관으로 이동했어요. 그곳에서 뉴스 영상으로 본 화재 연기는 어마어마했습니다. 그다음 주로 예정되어 있던 종업식과 졸업식을 연기하며 바로 겨울방학에 들어갔어요. 주문해둔 졸업장을 다시 제작해야 하는 번거로움들이 있었지만, 800여 명 학생들 중 한 사람의 인명피해도 없이 침착하고 빠르게 대피할 수 있었던 것은 정말 감사했어요.

이 일은 평소 화재 대피 훈련의 중요성을 알리는 미담으로 남게 되었지요. 그해 교무부장으로 화재·지진 대피 훈련 때마다 방송하며 훈련을 진행했던 연유로 인터뷰도 했는데요. 그 후 화재 대피 훈련 전 시청하는 영상으로 제작되어 여기저기서 방송으로 저를 보았다고 연락이 오기도 했답니다. 당시 불이 났던 신축동은 안전점검을 통해 철거한 후 다시 튼튼하게 지었고요. 출장이나 개인적인 일로 천안차암초등학교를 방문하게 되면 고향에 가는 듯 설레는 마음으로 신호등을 기다릴 때 바로 보이는 신축동을 만감이 교차하는 눈길로 바라봅니다.

천안차암초등학교를 생각하면 떠올리게 되는 추억이 너무나도 많습니다. 초창기 때 가장 큰 자랑은 닭장과 토끼장 등의 생태 공간이 아니었나 싶습니다. 닭장을 신축하고 보수할 때, 선생님들이 다 같이 나가서 생태 공간 전문가 선생님의 일사불란한 지시에 따라 그물망도 고정하고 못도 박고 했어요. 토끼장의 트레이드마크였던 토끼 모형을 디자인하며 설계 그림을 그리던 기억도 납니다. 토끼장 주변의 잡초와 식물들은 거의 잎이 뜯겨서 살아가기 힘들었죠. 중간놀이 시간에 토끼를 보러 오는 학생들이 토끼 주려고 뜯기도 했고, 아기들을 데리고 놀러 오는 인근 아파트 주민들도 많았어요. 학생들이 과학 시간에 유정란을 부화시켜서 병아리를 키우다가, 어느 정도 크면 닭장으로 옮겨서 엄마 아빠닭으로 자랄 때까지 같이 지켜봤어요. 닭장에서 암탉이 막 낳은 따스한 달걀을 보며 신기해하기도 했지요. 닭장 간판은 학생들이 이름을 정하고 나무에 새겨서 달아주었어요. 닭 모이는 학생자치회에서 당번을 정해 먹이도 주면서 사랑으로 키웠답니다. 토끼 새끼들은 무척 귀여웠고, 강인한 수탉은 무섭기도 했어요.

닭장 뒤에는 목공실도 있었습니다. 여러 가지 목공 기자재와 원목을 모아둔 곳이죠. 학생들이 목공 수업을 하면서 벤치도 만들고 신발장도 만들었어요. 그 후 '참동행'이라는 마을교육공동체 공간으로 이동해서 목공 수업을 하기도 했습니다. 그곳에서 교사 목공 동아리 활동도 했어요. 저는 2년 동안 목공 동아리에 참여하면서 도마를 비롯하여 램프, 선반, 마지막에는 6인용 테이블까지 다양한 작품을 만들던 행복한 기억이 있습니다. 당시 학교 운영위원장으로 '참동행' 마을교육공동체 활동을 열심히 하시던 학부모님이 계셨어요. 덕분에 인근 아파트 대표단과 학교 교직원, 학부모로 구성된 차암 마을교육공동체가 활발하게 이루어지고 있었지요. 업무전담팀으로 근무했던 차암초등학교에서의 마지막 해인 2022학년도 제 업무 중 하나가 마을교육이었거든요.

업무전담팀 선생님들과 마을교육협의체 활동도 열심히 했어요. 저녁에 학교 회의실에서 정기모임이 있었는데, 그해 가장 큰 안건은 마을 축제였습니다. 2회째를 맞는 마을 축제를 계획하며 마을 주민들이 함께 참여하는 행사로 마을교육협의체 분들과 열심히 준비했어요. 마을

축제는 전시마당, 공연마당, 체험마당과 알뜰장터(아나바다)로 이루어졌지요. 운동장 한쪽에는 미리 신청한 주민들과 학생들이 천막 아래에 돗자리를 펴놓고 준비한 물건을 판매했고, 운동장 가운데에는 메인 행사였던 공연마당을 위한 무대가 설치되었어요.

학교 앞 공원에는 체험마당 부스가 설치되고, 신축동 아래에서는 먹을거리 마당이 펼쳐졌습니다. 마을 축제는 토요일에 열렸는데, 입장을 기다리는 사람들의 긴 줄이 건물 옆으로 이어질 만큼 성황리에 운영되었습니다. 마을 축제를 진행하면서 많은 예산을 집행해본 경험으로 그다음부터는 예산 관련 업무가 부담스럽지 않았답니다.

이렇게 가족들이 함께하는 행사들이 많았던 것 같습니다. 그중 2017학년도 2학년을 운영할 때 했던 '아빠캠프' 행사도 잊히지 않아요. 돌아보면 6년 동안 근무해서 그런지 잊지 못할 추억들이 참 많습니다. 학부모회에서 운동장에 일일이 텐트 칠 공간을 나누고 표시하던 것도 기억납니다. 금요일 저녁부터 운동장과 주차장 공간에 하나둘씩 텐트

가 세워지기 시작했어요. 텐트마다 직접 만든 간판(가족 이름표)이 달렸고, 학생들은 아빠와 함께 맛있는 저녁을 만들어 먹었지요. 후에 이어진 레크리에이션 시간을 통해 이웃 아빠들과도 친목을 도모했고, 엄마들은 간만에 휴식 시간을 즐길 수 있었답니다. 이튿날 학교 앞 공원 산책과 보물찾기로 행사를 마무리했어요. 전날 밤에 보건실에서 불침번을 서며 취침했던 동 학년 선생님들을 비롯하여 같이 준비한 학부모님들까지 모두 함께 만들어간 프로그램이어서 더 큰 추억으로 남았답니다. 그 후 학부모 자치가 더욱 활발하게 이루어졌음은 두말할 필요도 없고요. 이때 동 학년이었던 선생님들을 만나면 지금도 아빠캠프 이야기가 빠지지 않을 만큼, 지금 하라면 다시 할 수 있을까 싶을 정도로 힘과 정성을 쏟은 행사였네요.

돌이켜보면 당시 동료 선생님들과의 정도 참 끈끈했어요. 회식도 많이 했고요. 회식할 때면 자연스럽게 아이들도 데리고 올 수 있는 분위기였어요. 자발적으로 참여해서 더 좋았던 직원여행도 빼놓을 수 없

네요. 태안으로 1박 2일 직원 여행을 갔는데, 교장·교감 선생님도 함께 가셨고, 정말 즐거운 시간을 보냈답니다. 저녁 식사 후 어렸을 때 사진을 모아서 누구인지 맞춰보며 주인공의 인생 이야기를 고개를 끄덕이며 듣기도 했어요. 여태껏 같이 근무한 분들이지만 새롭게 알게 된 사실도 있었고, 더 친밀히 연결되기도 했어요. 다음 날 아침은 교장 선생님께서 일일이 계란프라이를 만들어주셔서 맛있는 아메리칸 스타일의 조식을 먹고 주변 관광지를 돌아보기도 했지요.

교무실에서는 퇴근 시간이 훌쩍 지나도록 소파에 도란도란 앉아서 이런저런 이야기를 나누기도 했어요. 교육과정 운영 관련 이야기, 업무 이야기, 사적인 이야기 등, 여러 이야기를 나누면서 자연스레 동료 선생님들의 교육관, 가치관 등을 알아가기도 했고요. 그렇게 서로를 잘 알게 되니, 수업 나눔도 활발해진 것 같아요. 서로의 수업을 보고 사후 협의회를 할 때면, '수업나눔 10가지 약속'에서도 찾아볼 수 있는 것처럼 수업 방법뿐만 아니라 수업자 선생님의 내면의 삶을 나누게 되거든요. 수업자 선생님의 고민에 공감하면서 나의 수업을 깊이 성찰하고 서로를 격려하며 지지할 때 안전지대가 중요해요. 여기서 안전지대라 함은 나의 고민이나 부족한 모습이라도 비판받을 두려움 없이 있는 그대로 나눌 수 있는 관계가 선행되어야 하는 것입니다.

이렇듯 가족 같은 끈끈한 정이 있었기에 수업 나눔도, 프로젝트 수업도, 학생 자치활동도, 역량 중심의 교육과정 운영도, 민주적 협의 문화도, 전문적 학습공동체도, 교사·학생·학부모 동아리도… 그 어떤 것을 하더라도 든든한 밑바탕에 잘 뿌리내려 성장할 수 있었던 것 같아요.

지금 돌이켜보면 천안차암초등학교에서의 여러 가지 경험들은 일반화하기 쉽지 않은 이상이라고 생각해요. 현실에서는 찾아보기 어려운 이상적인 학교의 모습을 경험한 거죠. 그런 기준으로 다른 학교를 보면 실망하게 되더라고요. 그리고 올해 혁신학교 10년 차를 맞은 천안차암초등학교는 제가 기억하는 모습과는 또 다를 거예요. 그럴 수밖에 없다고 생각해요. 교육과정도 바뀌고, 구성원들이 바뀌고, 여러 변화가 생기는 만큼 변화도 있겠지만, 우리가 소망하는 학교를 꿈꾸며 개교를 준비하던 TF 멤버들 그리고 혁신학교 문화를 만들어가며 차곡차곡 쌓아온 과정과 경험들이 뿌리내려 있다고 생각해요. 그 뿌리 위에 축적된 문화들이 학부모님들과 학생들을 통해 든든히 이어져가고 성장하기를 소망하며 응원합니다. 10년의 마지막에 기록물을 만들고 이런 역사를 다시금 기억하고 떠올리게 해주셔서 감사합니다.

05

아이와 함께 자란 시간

박혜진(졸업생 학부모)

안녕하세요. 음악 유학 중인 아들(만 18세)과 야구를 좋아하는 중학생 딸(만 15세)을 둔 학부모입니다. 입학식 날, 걱정 반 설렘 반으로 큰아이 손을 꼭 잡고 학교에 오던 날이 엊그제 같은데, 어느덧 학부모 12년 차가 되었습니다. 저도 초·중·고 시절 좋은 추억이 많았던 터라, 아이들도 즐겁고 행복한 학교생활을 하길 바라며 늘 최선의 선택을 하고자 노력해왔습니다. 아이들이 스스로 삶의 주인이 되어, 배움을 즐겁고 행복한 경험으로 느낄 수 있기를 바라는 마음에서 남편과 책 읽고 강연을 들으며 많은 대화를 나누기도 했습니다. 저희도 부모로서 늘 처음 맞이하는 선택의 순간마다 어려움이 있었지만, 그 시간들 덕분에 지금까지 걸어온 길이 더욱 감사하게 느껴집니다.

"엄마, 저 수학 포기할래요."

초등학교 2학년밖에 되지 않은 아이가 학교를 마치고 돌아와 제게 건넨 말에 가슴이 철렁 내려앉았습니다. 학교에서 본 수학 시험에서 70 점대를 받았다고 했습니다. 학원 다닌 적도, 학습지 한 번 해본 적도 없지만 수업 시간에 집중해 나름대로 열심히 했다고 생각하며 칭찬해 주었는데, 학교에서는 오히려 친구들의 놀림거리가 되었나 봅니다. 알고 보니 선생님께서 수업 시간에 성적별로 아이들을 일어서게 하셨고, 그 후로 아이는 점수에 따라 친구들 사이에서 구분되며 창피를 겪었다고 했습니다. 그 일 이후 아이는 수학이 너무 싫어졌다고 털어놓았습니다. 그날 저녁, 남편과 오랫동안 이야기 나누며 많은 생각을 하게 되었습니다. 탐구하고 배우는 것을 좋아하던 아이가 점차 학교 공부에 흥미를 잃어가는 모습을 지켜보며, 아이가 개성을 존중받고 자유로운 분위기에서 배울 수 있는 학교를 찾아야겠다는 결심이 서기 시작했습니다.

아이의 성향에 맞는 학교를 찾아 열심히 알아보았지만, 대부분 직장에서 멀리 떨어진 시골의 작은 학교들이라 아쉬움이 컸습니다. 그러던 중 천안에 도심형 혁신학교가 새로 문을 열었다는 소식을 들었고, 더 고민할 필요도 없이 전학을 결정하게 되었습니다. 새 학교라 시설이 훌륭할 뿐 아니라, 혁신초등학교를 만들기 위해 교직원 모두가 마음을 모아 준비한 곳이라는 점이 더욱 마음에 들었습니다. 전학 후 아이는 매일 신이 나서 학교에 다녔고, 돌아와서는 행복한 얼굴로 학교 이야기를 들려주었습니다. 축구 잘하는 친구, 그림에 재능 있는 친구, 기발한 아이디어가 있는 친구, 보드게임을 잘하는 친구, 개그맨처럼 웃기는 친구 등, 멋진 친구들을 많이 만났다고 했습니다. 담임선생님도 너무 좋다고 자랑하는 모습을 보면서 앞으로의 학교생활을 기대해도 되겠다는 확신이 들었습니다.

혁신학교 학부모가 되고 보니 학교 안내장에 적힌 프로젝트 수업, 블록수업, 교과서 없는 수업, 중간놀이 시간, 학생 다모임, 학부모 간담회 등 낯선 용어들이 많아 저도 공부가 필요했습니다. 한 달에 한 번 열리는 학부모 간담회를 통해 선생님들을 만나면서 혁신학교에 대해 점차 이해할 수 있었고, 그 시간을 설레는 마음으로 기다리게 되었습니다. 학부모 간담회에서 한 달 동안 진행된 프로젝트 수업 과정을 엿볼 수 있었고, 체험활동 보고를 통해 아이들이 어떤 경험을 했는지 알게 되었습니다. 또 학생 다모임에서 어떤 결정들이 이루어졌는지 이야기를 들으면서 아이들이 학교에서 보내는 시간을 가까이에서 느낄 수 있었습니다. 앞으로의 수업 계획에 대한 안내를 받으며, 아이가 학교생활에 집중할 수 있도록 어떤 부분을 도와야 하는지도 챙길 수 있었습니다. 학부모 간담회에서 나눈 이야기들은 자연스럽게 가정에도 이어져 아이와 나눌 수 있는 대화 주제가 훨씬 다양해졌습니다. 자유로운 분위기에서 선생님과 학부모들이 편안하게 의견을 나누며 교사와 학부모, 서로의 이해와 지지가 얼마나 중요한지 깨닫게 해준 참 소중한 시간입니다. 외향적 성향이라 또래와 협력하고 소통하기를 좋아하고, 스스로 탐구하고 배우는 것을 즐기며, 개성을 존중받고 자유로운 분위기에서 성장하고 싶어 하는 아이에게 꼭 필요한 교육 환경입니다.

학교에 감사함을 느낀 학부모들이 함께 힘을 보태고자 혁신학교에 대해 제대로 공부하기 위해 모이기 시작했습니다. 함께 강연을 듣고 자료를 찾아가며 공부하면서, 교육 공동체로서 학부모가 할 수 있는 역할을 찾게 되었고, 학부모회를 조직하게 되었습니다. 학습자료 제작 지원단, 체험활동 도우미, 일일 교사 등 다양한 분야에서 학부모들의 재능과 섬세한 손길은 선생님들께 큰 힘이 되었습니다. 동아리 축제, 추수 축제, 동지 축제 등 학부모들의 도움이 많이 필요한 행사에서는 분야별 봉사자를 모집해 선생님들과 함께 기획 단계부터 마무리 평가 단계까지 참여하면서, 혁신학교의 핵심 가치인 '학교와 가정이 함께 아이를 키운다'는 말의 의미를 깊이 느낄 수 있었습니다.

가장 기억에 남는 수업은 학부모회가 주체가 되어 고학년 여학생들의 성교육을 했던 시간입니다. 딸을 둔 부모 입장에서 아이들이 자연스럽게 2차 성장을 받아들일 수 있도록 많은 고민을 하며 다양한 수업자료를 준비했습니다. 5·6학년 교실을 돌며 아이들과 가까이에서 진지하게 나눈 대화는 매우 알차고 뜻깊었습니다. 이처럼 다양한 학부모회 활동을 통해 자기개발 기회를 갖고 재능을 발견하게 되어 새로운 직업을 갖게 된 학부모들도 있었습니다. 그때를 돌아보면 아이들과 함께 부모들도 성장했던 뜨거운 참교육의 현장이었다고 느껴집니다.

주변 지인들에게 혁신학교를 자랑하면 "공부 안 하는 학교 아니냐"는 말을 종종 듣습니다. 우리에게 익숙한 숫자로 나타나는 결과가 없으니, 학습 능력에 대해 불안해할 수도 있다고 생각합니다. 하지만 내 아이를 가까이서 지켜보는 부모는, 주입식 교육이 아닌 체험과 토론을 통해 아이가 깊이 있고 즐겁게 공부하며 성장하는 모습을 느낄 수 있습니다. 학습 결과는 다양한 모습으로 나타나며, 아이마다 그 방식도 제각각입니다. 시를 잘 쓰는 아이, 관찰일지를 꼼꼼히 작성하는 아이, 자료를 준비하고 정리하는 데 능숙한 아이, 친구들 앞에서 멋지게 발표하는 아이, 그림이나 연극, 춤으로 표현하는 아이 등, 각자 재능을 발휘하며 주변 친구들을 이끌기도 하고 배우기도 하면서 창의적인 학습 경험을 쌓습니다.

　이런 다양한 경험들은 중·고등학교 시절을 보내고 있는 저희 아이들에게 큰 도움이 되었습니다. 다양한 배움의 경험을 통해 성장한 아이들은 문제를 해결하는 내면의 힘을 갖추게 되었고, 수업 시간에 적극적으로 참여하며, 다양한 활동에서 리더십을 발휘하고, 소통과 공감을 통해 선생님과 아이들의 가교 역할을 하기도 합니다. 학교생활 만족도가 높아 그 긍정적인 에너지가 학습으로 자연스럽게 이어집니다. 자기가 무엇을 좋아하고 무엇을 잘하는지, 꿈이 무엇인지 진지하게 고민하며 자기주도 학습으로 부모와 함께 자신의 미래를 설계해 가게 됩니다. 초등학교 시절부터 학교생활에 대해 부모와 많은 대화를 나눈 경험이 서로에게 믿음을 주고, 지금의 아이들에게 단단한 힘이 되어 준다는 것을 요즘 절실히 느낍니다.

　옛 기억을 떠올리며 글을 적다 보니, 차암초등학교에서 가장 큰 선물을 받은 아이는 바로 저희 큰아이인 것 같습니다. 장르를 가리지 않고 음악을 사랑하는 부모의 영향을 받아 음악적 흥미와 잠재력을 지니고 있던 아이가 천안에서 유일하게 초등학교 윈드오케스트라가 있는 학교에 다니게 된 것은 큰 행운입니다. 오케스트라에 애정이 깊은 음악 선생님의 열정으로 학교에서 악기를 지원해주고 레슨비도 매우 저렴하게 배울 수 있게 해주셨습니다. 예술적 감수성도 키우면서, 함께 만들어 가는 음악적 하모니가 정서 발달에 매우 좋은 경험이라 생각되어 아이와 상의한 뒤 기쁜 마음으로 신청하게 되었습니다.

　큰아이는 선생님 추천으로 트롬본과 인연을 맺었고, 오케스트라 활동이 아니었다면 부모가 결코 발견할 수 없었을 연주자로서의 재능을 발견하여 음악 전공이라는 진로를 일찍 결정하게 되었습니다. 아이에게 학교 음악실은 연습실이자 놀이터이자 꿈꾸는 공간이었습니다. 음악 선생님이 야근하시는 날이면 아이는 자연스럽게 선생님이 퇴근하실 때까지 남아 즐겁게 연습했습니다. 부모의 욕심으로 앞에서 끌었다면 그렇게 스스로 즐길 수 없었을 것입니다. 아이는 여러 대회에서 우승을 거두었고, 우리나라 최고의 예술중·고등학교를 거쳐 미국 최고 수준의 음대 입학시험에서 어린 나이에 합격하여 많은 장학금을 받으며 다니게 되었습니다. 연주자의 길이 늘 행복하지만은 않았지만, 아이가 그 시간을 스스로 이겨낼 수 있었던 내면의 힘은 바로 행복했던 초등학교 시절에서 비롯되었다는 이야기를 아이와 종종 나눕니다.

차암초등학교에서의 시간은 아이뿐만 아니라 저희 가족에게도 큰 선물입니다. 아이가 스스로 배우고 성장할 수 있는 환경에서 경험한 모든 순간이 앞으로의 삶을 지탱하는 힘이 되어 주었습니다. 아이가 프로젝트 수업과 다양한 체험활동을 통해 스스로 문제를 해결하고, 친구들과 협력하며, 자신만의 재능을 발견하는 모습을 지켜보면서, 교육의 참된 의미를 새삼 깨닫게 되었습니다. 학부모로서 저도 함께 성장할 수 있었던 시간이었습니다. 학교와 가정이 함께 아이를 키운다는 말이 어떤 의미인지, 서로의 이해와 지지가 얼마나 중요한지 몸소 느낄 수 있었습니다. 선생님들과 학부모가 힘을 모아 아이들의 배움을 지원하며, 아이들 한 명 한 명의 가능성을 발견해 가는 과정을 지켜보는 경험은 제게도 큰 배움과 감동이었습니다.

이제 돌아보면, 차암초등학교에서의 시간은 단순한 학교생활이 아니라, 아이와 부모가 함께 성장하며 서로에게 힘이 되어 주는 소중한 과정이었습니다. 그 시간을 통해 아이가 자신감을 얻고, 즐겁게 배움에 몰입하며, 자기 꿈을 향해 나아갈 수 있었던 것처럼, 저희 가족에게도 평생 간직할 값진 추억과 감사의 마음을 남겨주었습니다.

06

차암초등학교 10년 기록을 위한 인터뷰

김영수(천안한들초 교사)

1. 차암초등학교에 언제부터 언제까지 근무하셨나요? 근무하시는 동안 맡은 일을 소개해 주세요.

2018년 3월 1일 천안차암초등학교에 발령받아 2024년 2월 28일까지, 딱 6년을 함께했습니다. 첫해는 1학년 담임, 이듬해는 3학년 담임을 맡으며 교실에서 학생들과 하루하루 부대끼며 지냈고, 2020년부터 2023년까지는 업무전담팀(혹은 업무지원팀)으로 체육과 영어 교과전담을 맡았습니다.

기억을 더듬어보니, 전담팀을 '업무전담팀'으로 할지 '업무지원팀'으로 할지를 두고 진지하게 회의했던 게 첫 일거리였던 것 같습니다. (제 기억이 좀 흐릿해서, 이 글을 읽는 동료들이 "그거 아닌데?" 하고 정정 의견을 낼지도 모르겠습니다.^^) "전담이면 어디까지 전담할 거냐, 지원이면 어디까지 지원할 거냐"라는 철학적인 논의 끝에, 우리끼리는 '지원'이 맞다고 결론 냈지만, 다른 선생님들은 종종 '전담' 역할을 원하시기도 해서, 일하다 보면 가끔 혼란스러웠던 기억도 납니다.

팀 이름이 정해진 뒤에는, 관행적인 기존 업무 방식을 벗어나 '우리답게' 다시 조정하는 작업을 했습니다. 각자 잘할 수 있는 일, 하고 싶은 일, 할 수 있지만 마음 내키지 않는 일, 정말 못하겠는 일(!)까지 솔직하게 내놓고 조율했죠. 다행히 서로 겹치는 부분이 많지 않았고, 배려심 깊은 팀원들 덕분에 큰 잡음 없이 합의할 수 있었습니다. 차암초에서는 이 해부터 '교무'라는 업무가 사라졌습니다. 지금은 부활했는지 궁금하네요.

저는 제 경력(20년 이상)을 살려 학부모회, 교사 성장, 마을교육, 회의, 학교폭력 관련 업무를 맡았습니다. 학교와 독립적으로 존재하면서도 신뢰와 믿음으로 학교 교육과정을 든든히 받쳐주던 학부모회, 지역과 함께하는 '참동행' 마을교육, 민주적 의사결정을 위한 교사회의, 회복적 생활교육을 접목한 학교폭력 업무까지… 제 나름의 목표는 있었는데, 글쎄요. 결과는 어땠을까요? 이 부분은 선생님들의 평가에 맡기겠습니다.

2. 선생님께 차암초등학교란 어떤 곳이었나요?

충남 서산의 작은 섬마을 학교에서 근무하다 2018년 천안으로 발령받아 오며 만난 학교가 바로 천안차암초입니다. 첫해 1학년 담임을 맡았을 때, 교직 생활 중 가장 행복한 시간을 보냈다고 할 수 있습니다.

당시 차암초는 '교육과정 중심 학교, 업무가 없는 학교'를 표방하며,

교장·교감 선생님은 물론 업무전담팀과 학년부장 선생님들까지 살신성인의 정신으로 학교를 만들어가고 있었습니다. 덕분에 저는 교직 인생 처음으로 학교에 있는 모든 시간을 학생 교육과 수업 준비에 집중할 수 있었고, 그 경험은 지금도 잊을 수 없습니다.

교직 20년이 넘도록 교육과정을 동 학년과 함께 처음부터 끝까지 계획하고 실천해 본 적이 없었는데, 그때는 정말 마음껏, 실컷 그렇게 지내며 행복했습니다. 2년간 감사 속에 지내며 업무전담팀이 학교에서 얼마나 소중한 존재인지 절실히 깨달았고, '언젠가 꼭 나도 갚아야지'라는 다짐도 했습니다. 마침 뜻이 맞는 동료들과 업무지원팀에 합류하게 되었고, 제가 느낀 행복을 다른 선생님들과 조금이라도 나눌 수 있기를 바라며 4년 동안 원 없이 치열하게 달려왔습니다.

첫사랑은 무엇보다 '설렘'이지요. 저에게 천안차암초는 그 설렘을 오래도록 품게 한, 교직 생활의 첫사랑 같은 곳입니다.

3. 차암초등학교에 계실 때, 기억에 남는 장면들을 꼽자면 어떤 점이 생각나나요?

차암초에서 보낸 시간은 하나하나 다 기억에 남아, 어느 한 장면만 꼽기가 쉽지 않습니다. 그래도 몇 가지 장면들이 지금도 눈앞에 선합니다.

첫해 1학년 담임 시절, "불이야~"라는 외침에 한겨울 추운 날 아이들을 실내화만 신긴 채 교문 밖으로 대피시킨 일. 학생 한 명이 보이지 않아 당황한 나머지 부끄러운 줄도 모르고 아이들 앞에서 꺼이꺼이 울던 일. 그때 아파트 창가에서 지켜보던 학부모님들이 이불을 들고 뛰쳐 나와 아이들을 감싸주던 장면은 지금도 따뜻하게 기억됩니다.

신규 선생님과 출근하던 길에 눈앞을 가로지르던 멧돼지를 보고 깜짝 놀라던 도시 한복판의 아찔한 순간도 잊을 수 없습니다. 그날 내려온 멧돼지 가족이 모두 사살되었다는 씁쓸한 소식으로 마무리되었지요.

어린이날을 맞아 "에버*드처럼 꿈과 낭만을 만들어 보자"는 제안으로, 선생님들과 학부모님들이 함께 코스튬 의상을 입고 춤추고 장난치던 날도 있었습니다. 그날은 저학년 학생들이 집요하게 뒤를 쫓아다녀서, 웃고 도망 다니느라 하루 종일 놀이공원 캐릭터가 된 듯했습니다.

무엇보다 기억에 남은 장면은, 2월 교육과정 준비 주간을 앞두고 업무지원팀과 체육관에 모여 밤낮없이 회의하던 시간입니다. 추운 체육관을 밝히겠다며 조명을 달고, 새 학기를 맞는 모든 선생님을 환영한다는 의미로 레드카펫을 깔자고 제안하던 순간들. 평소 접해보지 못한 간식을 준비해 힘든 회의를 즐겁게 만들고, 신뢰 게임과 협동 미션을 고민하며 "선생님들끼리 신뢰하는 분위기"를 만들어가려 애쓰던 기억들. 결국 개학 후엔 모두 번아웃이 오긴 했지만, 그 시간만큼은 '함께 무언가를 만들어 간다'는 설렘과 열정으로 가득했습니다.

돌아보면, 차암초에서의 기억은 모두가 하나의 장면이자 하나의 이야기였고, 그 모든 순간이 제 교직 인생을 더욱 풍요롭게 채워주었습니다.

4. 근무하면서 어려웠던 점이나 그것을 극복해 가던 과정에 대해 알려줄 부분이 있을까요?

사람이 모여 사는 곳에 어려움이 없을 리 없지요.

돌이켜보면, 고민을 나누고 싶어도 회의에 참석하지 않거나, 참석하더라도 그저 조용히 있다가 돌아가는 선생님들을 뵐 때 가장 안타까웠습니다. 전문적 학습공동체나 교사 동아리, 원데이 클래스 등 어디에도 발걸음을 하지 않는 분들을 어떻게 하면 설득할 수 있을까, 마음을 얻을 수 있을까 늘 고민스러웠습니다.

업무 최적화를 위해 행정실, 관리자, 교사들이 모여 이야기 나눌 때, '하나라도 더 가져가지 않겠다'며 다투는 모습에서 부끄러움과 무력감을 느끼기도 했습니다. 더 아픈 기억도 있습니다. 동료 교사가 아동학대 의혹으로 신고당해 교실에 들어가지 못한 채 방송실에서 조용히 숨죽여 지내야 했던 시간들, 그리고 서이초 사건을 계기로 '학교를 닫을 것인가 열 것인가' 논의가 이어지던 와중에 결국 의원면직을 선택해야 했던 젊은 신규 선생님의 뒷모습은 교직의 무게를 뼈아프게 실감하게 했습니다.

그럼에도 저는 그때 소중한 사실 하나를 알게 되었습니다. 결국 '사람이 희망'이라는 것입니다. 사람 때문에 힘들었지만 사람 때문에 다시 힘을 얻었습니다. 말로는 잘 표현하지 않았지만 우리 학교는 '민주적인 학교'라며 늘 설문으로 응답해 주시던 동료들, '일 안 하겠다'던 분들이 막상 도와 달라 하면 발 벗고 나서 주시던 모습, 억울한 일을 당한 선생님을 위해 자발적으로 탄원서를 모아주던 따뜻한 손길, 학교 문 닫는 일에 동참해 달라며 함께 교장실을 찾아가던 동료들의 발걸음과 눈빛에서 저는 아직 희망이 남아있다는 것을 확인했습니다.

그래서, 힘든 순간들도 결국 또 다른 희망을 확인하는 과정이었다고 할 수 있습니다.

5. 차암초등학교가 이런 점이 더 발전되면 좋겠다고 제안해주실 부분이 있을까요?

차암초를 떠난 지 벌써 2년이 넘었고, 지금도 차암초 선생님들께서는 더할 나위 없이 열심히 하고 계시리라 믿습니다. 그래서 감히 드릴 말씀은 없지만, 그래도 한 가지 바람을 전하자면 '마을 축제'를 다시 궁리해 주셨으면 합니다.

2021, 2022, 2023년에는 지역사회와 함께하는 마을교육과정의 일환으로 마을 축제를 열었지요. 첫해는 코로나 시기라 입장 인원을 500명으로 제한했는데, 학교 밖에 길게 늘어선 줄과 "왜 들어오지 못하게 하느냐"는 행복한 민원까지 접수했던 기억이 생생합니다. 물론 크고 작은 어려움도 있었지만, 학교와 지역이 하나 되어 함께 만든 축제라서 의미가 깊었습니다. 특히 그때 혁신업무를 담당하시던 우*영 장학사님께서 쓰레기봉투와 집게를 들고 행사 내내 봉사하시던 모습은 지금도 잊히지 않습니다. 제가 아는 가장 혁신적인(?) 장학사님의 모습이었습니다. 이후 그 맥이 이어지지 못했다는 소식에 아쉬움이 남았습니다.

돌아보면, 당시 마을은 축제 준비에 충분히 책임을 나누지 못했고 학교는 아이들을 가르치는 일로도 벅차다 보니, 축제가 또 다른 '일거리'로 여겨지면서 서로 섭섭함이 생겼던 것 같습니다. 하지만 축제는 단순한 행사가 아니라, 학교가 마을에 열리고 마을이 학교를 품는 경험이었습니다. 아이들에게는 지역사회에서 배우고 성장하는 특별한 기회였고, 학부모와 주민들에게는 학교 교육을 체감하고 지지할 수 있는 소중한 시간이었습니다.

그래서 더 아닙니다. 축세를 이어가는 일은 학교만의 일이 아니라, 마을과 함께 짊어져야 할 일이기에 가치가 있습니다. 온 마을이, 온 학교가 함께 준비하고 즐기는 그 축제의 풍경을 차암초에서 다시 볼 수 있기를 진심으로 바랍니다.

혁신학교 발령의 설렘과 두려움

원준희(교사)

교직 생활 가운데 올해 처음으로 혁신학교에 발령받게 되었습니다. 혁신학교라는 이름은 교직 사회에서 연수나 언론, 주변 동료 교사들을 통해 자주 들어본 단어지만, '교육청에서 지정한 실험적인 학교' 정도로만 알고 있었습니다. 혁신학교가 추구하는 교육 철학과 운영 방식이 구체적으로 어떤 것인지, 교사로서 생활하게 되면 어떤 차이가 있는지는 피부로 느껴본 적이 없었습니다. 그래서 발령 소식을 들었을 때는 기대와 두려움이 동시에 찾아왔습니다.

더욱이 부임과 동시에 연구혁신부장이라는 중책을 맡게 되면서 부담감은 배가되었습니다. 학교를 잘 알기도 전에 여러 회의와 공동체 활동을 주도하고, 교직원과 학부모, 학생들을 아우르는 업무를 맡아야 한다니 막막했습니다. '잘 해낼 수 있을까?', '혁신학교여서 특별히 더 어려운 업무는 아닐까?' 하는 걱정이 떠나지 않았습니다. 그러나 두려움만으로는 새 학년을 시작할 수 없었습니다. 마음을 다잡고, 하루하루를 배움의 기회라 여기며 발걸음을 내디뎠습니다.

회의 문화에서 배운 민주성

혁신학교에 와서 가장 먼저 놀란 것은 회의 문화입니다. 이전 학교에서 회의는 대체로 형식적이었습니다. 두 달에 한 번 교직원 회의가 열리면 교장이나 교감 선생님이 주요 공지사항을 전달하고, 교무부에서 안내하는 것으로 대부분 회의가 끝났습니다. 교사들이 발언할 기회가 주어져도 "없습니다"라는 짧은 대답으로 마무리되는 경우가 많았습니다. 회의 시간이 길어야 30~40분, 짧으면 20분 안팎이니, 회의라기보다 전달식 모임에 가까웠습니다.

그러나 혁신학교의 회의는 달랐습니다. 업무전담팀 회의가 매주 한 번 열렸고, 학년협의도 정기적으로 진행되었습니다. 월 1회 기획회의와 교직원 회의가 있고, 학부모와 교사가 함께 모이는 연석회의는 1년에 세 차례 열렸습니다. 처음 일정을 보고 회의의 빈도와 양에 압도되었습니다. '이 많은 회의를 다 소화할 수 있을까?'라는 생각이 먼저 들었습니다.

막상 참여해 보니, 회의의 성격은 제가 익숙했던 방식과 전혀 달랐습니다. 단순히 전달만 하는 자리가 아니라, 안건에 대한 교사들의 의견을 충분히 듣고 토론하는 과정이 중심이었습니다. 예를 들어, 학기 초 교육과정 운영 방안을 논의할 때는 교사 한 사람 한 사람이 수업 시간 배분과 운영 방식에 대해 생각을 공유했습니다. 어떤 교사는 독서 수업 시간을 늘리자고 제안했고, 다른 교사는 프로젝트 활동 시간 보장을 강조했습니다. 의견이 엇갈리기도 했지만, 결국 여러 사람의 의견을 조율하여 모두가 수용할 수 있는 결론을 도출했습니다.

이 과정에서 민주적 의사결정이 무엇인지 몸으로 배우게 되었습니다. 때로는 길고 지루하게 느껴질 때도 있었습니다. 작은 안건 하나에도 1시간 가까이 회의가 이어져 피로가 몰려오기도 했습니다. 그러나 회의가 끝난 뒤 돌아서면 '오늘의 결정은 누군가의 일방적인 지시가 아니라, 우리가 함께 만들어 낸 것이다'라는 확신이 남았습니다. 이것이 혁신학교의 회의 문화가 주는 가장 큰 배움이었습니다.

전문적학습공동체에서의 성장

연구혁신부장으로서 중요한 업무 중 하나는 전문적학습공동체 운영입니다. 혁신학교에서는 교사도 배우는 존재라는 점을 강조합니다. 학년 단위 학습공동체와 무학년 단위 학습공동체가 운영되며, 교사들은 서로의 수업을 공유하고 피드백을 나누며 함께 성장합니다.

학년 단위 학습공동체에서는 수업 자료와 학급 운영의 어려움을 허심탄회하게 나눌 수 있었습니다. 예를 들어, 국어 토론 수업에서 학생들의 발언이 소극적이라는 문제가 제기되었을 때, 한 교사는 역할 카드를 활용하여 발언 순서를 정하는 방법을 소개했습니다. 다른 교사는 짧은 글쓰기를 통해 발언할 것을 미리 준비하게 하는 방식을 공유했습니다. 이런 방법들을 적용해 본 결과, 학생들의 참여도가 눈에 띄게 높아졌습니다.

무학년 학습공동체 운영을 통해 얻은 배움과 성찰

천안차암초등학교에서 진행된 무학년 학습공동체 활동은 교사의 성장을 도모하고, 이를 토대로 학생 교육의 질을 높이는 중요한 과정이었습니다. 올해는 '미디어와 도서관', '온작품읽기', '독서교육'이라는 세 가지 공동체를 각 회장님을 주축으로 운영하며 교사로서 전문성을 확장하고, 협력성과 공동체성을 기르도록 운영했습니다.

미디어와 도서관: 매체 탐구를 통한 수업의 확장

'미디어와 도서관' 공동체에서는 책을 매개로 문자, 기록, 캘리그래피, 서각, 인공지능과 메타버스 등 다양한 교수학습 매체를 탐구했습니다. 단순한 독서 활동을 넘어 매체 경험을 나누며 수업 적용 가능성을 모색한 점이 의미 있었습니다.

이를 통해 교사는 수업 도구를 폭넓게 이해할 수 있고, 학생들에게도 다채로운 학습 경험을 제공할 가능성을 발견했습니다. 개인의 탐구가 아닌 공동 논의를 통해 얻게 된 배움은 실천적 지혜로 이어졌고, 이는 교실 수업 혁신의 중요한 밑거름이 되었습니다.

온작품읽기: 문학적 소양과 정서적 이해

'온작품읽기' 공동체는 아동문학 작품을 함께 읽고 나누는 과정을 중심으로 운영되었습니다. 교사들은 각자 추천한 작품을 읽으며 문학적 소양을 키웠고, 학생들의 삶과 정서를 더 깊이 이해하는 안목을 기를 수 있었습니다.

같은 작품을 읽더라도 교사마다 다르게 해석하고 받아들이는 과정에서 다양한 시각을 공유할 수 있었고, 이를 통해 교육적 상상력이 확장되었습니다. 아동문학을 매개로 한 대화는 교사들에게 공감과 연대의 힘을 느끼게 했으며, 교실 현장에서 학생과의 관계를 더욱 따뜻하게 만들어주는 계기가 되었습니다.

독서교육: 책을 통한 치유와 성찰

'독서교육' 공동체는 책을 통해 학생과 교사 모두의 마음을 살피고 성장시키는 것을 목표로 했습니다. 학생들에게는 공감 능력과 자기 표현력을 키워주는 기회가 되었고, 교사에게는 치유와 회복의 시간이 되었습니다.

교사들은 책을 읽고 나누는 시간을 통해 서로의 수업 경험을 공유하며 실제 적용 가능한 아이디어를 얻었습니다. 또한 동료 교사와의 대화를 통해 교직 생활에서 겪는 어려움을 나누고, 책 속 문장에서 위로와 성찰을 발견할 수 있었습니다. 이 과정은 교사의 전문성뿐 아니라 정서적 안정에도 긍정적인 영향을 주었습니다.

전문적학습공동체의 의의

세 공동체 활동을 종합적으로 돌아보며, 혁신학교에서의 전문적학습공동체가 지니는 의미를 다시금 확인할 수 있었습니다.

첫째, 무학년 학습공동체는 교사가 서로 배우고 성장하는 존재임을 일깨워 주었습니다. 서로 다른 경험과 시각이 모여 깊이 있는 성찰과 배움을 가능하게 했습니다.

둘째, 이는 교사가 실천적 지혜를 나누는 장이 되었습니다. 매체 활용, 문학 읽기, 독서 적용 방안 등 수업 현장에서 바로 활용할 수 있는 실제적 아이디어가 오갔습니다.

셋째, 교사에게는 심리적 치유와 회복의 기회를 제공했습니다. 업무와 수업으로 지친 일상에서도 책과 대화를 통한 시간이 교사들에게 새로운 에너지를 불어넣어 주었습니다.

무학년 학습공동체 활동은 단순한 독서나 취미 모임이 아니라, 교사와 학생 모두의 성장을 이끄는 전문적 배움의 장이었습니다. '미디어와 도서관'을 통해 수업 매체의 확장성을 배우고, '온작품읽기'를 통해 문학적 소양과 정서적 이해를 키웠으며, '독서교육'을 통해 책이 주는 치유와 성찰을 경험했습니다.

이런 학습공동체 활동이 지속되어 교사와 학생이 함께 성장하고, 학교 공동체가 더욱 단단해지기를 기대합니다.

스포츠클럽 활동, 뜻밖의 도전

올해 가장 뜻깊은 경험 중 하나는 여자 축구부 창단과 스포츠클럽 대회 출전입니다. 작년에는 출전하지 않았던 천안시스포츠클럽 대회에 출전하게 되었고, 제가 여자 축구부 지도를 맡게 되었습니다. 처음에는 막막했습니다. 축구를 배운 경험도, 지도해 본 적도 없기 때문입니다. 그러나 아이들은 저보다 훨씬 열정적이었습니다. 매주 월·수·금 아침 8시, 이른 시간임에도 아이들은 빠지지 않고 운동장에 나왔습니다. 처음에는 공만 차도 숨이 차고 힘들어했지만, 서로 격려하며 조금씩 발전해 갔습니다.

연습이 끝난 뒤 땀에 젖은 얼굴로 "선생님, 오늘은 수비 연습이 재미있었어요!", "내일은 슛 연습을 더 하고 싶어요!"라고 하는 아이들을 보면서 저도 힘을 얻었습니다. 지도자로서 부족함을 느끼기도 했지만, 아이들과 함께 뛰며 성장하는 기분이 들었습니다.

시 대회와 도 대회에 우리 학교만 나오게 되어 예상치 않게 우리 학교는 전국학교스포츠클럽대회에 출전하게 되었습니다. 전국대회에 나오는 팀들은 대부분 전문 지도자를 두고 오랜 시간 훈련해 온 실력자들이었습니다. 우리 팀은 이제 막 시작한 초보 수준이기에 큰 점수 차로 패배하지 않을까 걱정되었습니다. 그러나 저는 결과보다 과정을 강조했습니다. 전국 무대에 서는 경험 자체가 아이들에게는 값진 배움이 될 것이고, 협동심과 도전정신을 기르는 소중한 기회가 되리라 믿었습니다.

담임을 맡지 못한 아쉬움과 실과 수업

올해 고학년 담임을 희망했지만, 실과 전담교사로 배정되었습니다. 담임교사는 교실에서 학생들과 하루 종일 생활하며 관계를 쌓습니다. 그러나 전담교사는 수업 시간에만 학생을 만나야 하니 관계 형성에 제약이 많습니다. 이 점은 아쉬움으로 남았습니다.

더욱이 실과 과목은 교재와 자료가 충분하지 않았습니다. 다른 교사들의 관심도 적어 준비 과정이 쉽지 않았습니다. 그러나 생활 속 체험 중심이라는 과목의 특성을 살려 수업을 구상했습니다. 재활용품을 활용한 생활 소품 만들기, 간단한 요리 실습, 목공 활동 등을 진행했습니다. 아이들은 손을 움직이며 배우는 활동에 큰 흥미를 보였습니다. 수업 후 "선생님, 오늘 수업 재미있었어요"라는 말을 들을 때면 작은 보람이 찾아왔습니다. 담임을 맡지 못한 아쉬움은 남았지만, 전담교사로서도 나름의 의미를 발견할 수 있었습니다.

학부모와 함께 만드는 학교

혁신학교에서 인상 깊었던 점은 학부모의 참여입니다. 대부분의 학교에서는 학부모의 역할이 자녀 상담이나 학교 행사 지원 정도에 그치는 경우가 많습니다. 그러나 이곳에서는 달랐습니다. 아침 교통안전 지도, 도서관 봉사, 축제 기간 간식 준비, 마을 교사로서 수업 참여 등 다양한 방식으로 학부모가 학교 생활에 깊이 관여했습니다.

특히 학부모 상담 주간에는 25명의 학부모 중 23명이 상담을 신청했습니다. 고학년 학부모들은 대체로 상담 참여가 적은 편인데, 이렇게 높은 참여율은 예상 밖이었습니다. 자녀에 대한 관심과 교사에 대한 신뢰가 느껴져 큰 힘이 되었습니다. 학부모가 함께하는 학교야말로 진정한 교육 공동체라는 사실을 깨닫게 되었습니다.

민주성과 공동체성의 힘

혁신학교 생활을 통해 가장 크게 배운 것은 민주성과 공동체성입니다. 회의에서의 토론, 학습공동체에서의 배움, 학부모의 적극적인 참여, 학생들의 주도적 활동…. 이 모든 것이 서로 연결되어 학교를 풍성하게 만들고 있었습니다.

학생들은 지시를 따르는 존재가 아니라, 스스로 질문하고 의견을 내며 수업의 주체로 서 있었습니다. 학생자치회 역시 회장·부회장 선거 대신 무학년 동아리 형태로 운영되어 경쟁보다 협력의 문화를 형성했습니다. 교사들은 때로 힘들고 지쳤지만, 결국 '함께 해야만 학교가 살아난다'는 사실을 배웠습니다.

마무리하며

돌아보면, 올해 혁신학교에서의 경험은 제 교직 생활에서 커다란 전환점이었습니다. 처음에는 두려움과 걱정으로 가득했지만, 지금은 행복과 감사로 채워져 있습니다. 여전히 부족하고 서툰 부분도 많지만, 민주성과 공동체성 속에서 함께 학교를 만들어 간 경험은 큰 자산이 될 것입니다.

앞으로도 혁신학교의 길은 쉽지 않을 것입니다. 새로운 시도와 실험 속에서 시행착오도 많을 것입니다. 그러나 저는 압니다. 그 과정에서 교사는 성장하고, 학생은 행복해지며, 학교는 더 나은 공동체로 발전한다는 사실을 말입니다. 남은 교직 생활에서도 이 경험을 바탕으로 학생과 함께 배우고 성장하는 교사가 되기를 소망합니다.

08

혁신학교에서 첫 발을 내딛으며

김지영(교사)

처음 발령받은 학교가 '혁신학교'라는 말을 들었을 때, 사실 그 의미조차 잘 알지 못했습니다. 혁신학교가 어떤 곳인지, 어떤 수업을 하는지 전혀 감이 오지 않았습니다. 다만 첫 제자들을 만난다는 사실만으로 가슴이 두근거렸습니다. '이제 진짜 교사기 되는구나' 하는 설렘에 들뜬 한편, 신규 교사라는 낯선 자리가 저를 긴장하게 했습니다.

주변에서는 "신규는 무조건 6학년을 맡는다"는 이야기를 들려주곤 했습니다. 6학년은 많은 선생님이 가장 어렵다고 하는 학년이기에 제 마음을 더욱 무겁게 했습니다. 과연 잘 감당할 수 있을까 하는 두려움은 발령 전날까지 저를 붙들고 놓아주지 않았습니다.

하지만 제가 맡게 된 학년은 4학년이었습니다. 게다가 업무도 주어지지 않았습니다. 학교에 업무전담팀이 따로 있어 교사들이 수업과 아이들에게 전념할 수 있도록 운영되었기 때문입니다. 처음엔 낯설었지만, 곧 그것이 혁신학교의 큰 특징임을 알게 되었습니다.

겨울방학 중 3일 동안은 '교육과정 세우기 주간'이 진행되었습니다. 학교의 모든 교사가 모여 학교의 철학과 비전을 공유하고, 그에 맞추어 학년별 교육과정을 설계하는 자리였습니다. 이 과정에서 저는 교사라는 직업이 개인의 역할에 머무르지 않고 공동체 속에서 운영되는 일이라는 점을 실감했습니다. 학년 운영의 큰 줄기를 함께 세우고, 학급 운영 방향을 조율하면서 '이제 나는 혼자가 아니라 공동체의 일원으로 교실을 이끌어가야 한다'고 다짐할 수 있었습니다.

이 과정에서 특별히 인상 깊었던 것은 학년 이름입니다. 새싹(1학년)에서 시작해 잎새, 줄기, 꽃잎, 열매를 거쳐 씨앗(6학년)으로 이어지는 이름 체계는 처음엔 낯설었습니다. '왜 마지막 학년이 씨앗일까?'라는 의문이 들었지만, '순환으로서의 성장'이라는 학교의 철학을 듣고 나니 직관적으로 다가왔습니다. 성장의 끝이 새로운 시작으로 이어지는 의미라는 설명은, 아이들을 지도할 때 어떤 마음으로 바라봐야 할지를 알려주는 듯했습니다.

차암초등학교는 같은 학년 교사들이 협력하며 교육과정을 만들어가는 프로젝트 수업을 진행했습니다. 교과별 성취기준을 분석하고, 이를 바탕으로 여러 교과를 엮어 하나의 프로젝트로 재구성하는 방식이었습니다. 수업 기획 과정에서 동료 교사들과 아이디어를 나누고 자료를 공유하며 더 나은 수업을 만들기 위해 함께 고민할 때가 지금도 뚜렷합니다. 그 과정에서 저는 혼자가 아니라 함께 배우는 교사라는 사실을 실감했습니다.

마침내 첫 수업 날이 되었습니다. 배정된 교실은 유난히 넓었고, 아이들은 쑥스럽게 작은 목소리로 인사를 건넸습니다. 전날 밤을 설칠 정도로 긴장한 상태였고, 하루 종일 진행할 계획을 가득 준비했지만 결국 절반도 하지 못한 채 끝났습니다. 아쉬움이 남았지만, 그 순간에도 교사로서의 시작을 실감하며 다시 다음 날을 준비할 힘을 얻었습니다.

하지만 가장 큰 어려움은 학생들과의 관계였습니다. 친근하게 다가가야 할지, 단호한 태도를 유지해야 할지 늘 갈팡질팡했습니다. 너무 가까워지면 교사로서의 권위가 흐려지지 않을까 걱정되었고, 지나치게 엄격하면 아이들이 아예 마음을 닫아버리지 않을까 두려웠습니다.

그럴 때마다 동료 교사분들을 찾아갔습니다. 제 고민은 어쩌면 매일 비슷했지만, 선생님들은 늘 제 이야기를 들어주셨습니다. 그 조언은 학생과의 거리를 조율하는 데 큰 힘이 되었습니다. 업무에서 벗어나 수업과 학생들에게 전념할 수 있는 환경 덕분에 학생 관계에 대한 고민을 깊이 이어갈 수 있었고, 수업을 학생 중심으로 만들어가는 네 너 많은 시간을 쏟을 수 있었습니다.

그 과정에서 한 선생님의 권유로 학교 학습 공동체에도 참여하게 되었습니다. 책을 읽고 자유롭게 의견을 나누는 자리인데, 교육에 대한 선생님들의 다양한 시각을 접힐 수 있었습니다. 저는 제 고민을 나누기도 하고, 저 나름의 교육관을 이야기하기도 하면서 교사로서의 정체성을 정립해 갈 수 있었습니다. 혼자서는 쉽게 답을 내리기 어렵던 문제들도 함께 고민하고 대화를 나누는 과정을 통해 조금씩 방향을 잡아 갈 수 있었습니다.

학습 공동체에서 나눈 대화에서 배운 것들을 교실에서도 실천해 보고자 했습니다. 교사가 일방적으로 지식을 전달하는 것이 아니라, 학생들의 이야기를 경청하고 그 반응에 따라 수업을 이어가는 방식을 시도한 것입니다. 수업에서 학생들이 질문하고 서로의 생각을 주고받으며 배움이 확장되는 모습을 보면서, '교사는 단순히 가르치는 사람이 아니라 함께 배우는 동반자'라는 사실을 깨달을 수 있었습니다.

시간이 흐르자 학생들은 점차 저를 신뢰하기 시작했고, 학부모님들도 제 수업을 긍정적으로 바라보셨습니다. 저는 교육과정 연구에 전념할 수 있었고, 특히 인공지능에 관심을 가지고 미술, 음악, 창의적 체험활동 수업에 접목해 보았습니다. 처음에는 단순히 재미있는 활동이 되리라 생각했지만, 아이들은 훨씬 적극적으로 반응했습니다.

"선생님, 집에서 저 혼자서 캐릭터를 만들어볼래요!"

학생들의 말 중에 가장 기억에 남는 말입니다. 단순히 즐겁다는 차원을 넘어, 아이들이 AI를 다루는 방법을 배우고 프롬프트를 구성해 삶에서 활용할 수 있다는 가능성을 보여주었기 때문입니다. 아이들이 새로운 도구를 통해 자기 주도성을 확장해 가는 모습을 보며, 교육의 방향이 어디를 향해야 하는지를 다시금 생각하게 되었습니다.

교사로서 '인내심을 가지고 꾸준히 지도하면 아이들이 달라질 수 있다'는 사실을 점차 확인했습니다. 하루하루는 더디지만, 1년이라는 시간 동안 제가 하는 수업과 행동은 학생들의 마음에 '좋은 것'으로 자리 잡을 수 있다는 믿음을 갖게 되었습니다. 바로 그 순간, 교사라는 직업이 얼마나 소중한 기회인지 다시금 깨달았습니다.

신규 교사로서의 첫해는 두려움과 혼란 속에 시작되었지만, 혁신학교의 환경과 문화는 저를 조금씩 성장하게 했습니다. 업무전담팀의 체계 덕분에 수업과 아이들에게 집중할 수 있었고, 교육과정 세우기 주간과 프로젝트형 수업을 통해 교사로서의 정체성을 세울 수 있었습니다. 아이들과 함께 배우며, 동료 교사들과 협력하며, 학부모와 신뢰를 쌓아가는 과정에서 교직의 소중함을 체감했습니다.

아직은 부족하고 배워가는 길 위에 있지만, 저는 오늘도 학생들과 함께 새로운 배움을 만들어가고 있습니다. 혁신학교라는 따뜻한 울타리 속에서 시작된 첫 발걸음이 앞으로의 교직 생활에서 흔들림 없는 토대가 되리라 믿습니다. 아이들과 함께 웃고 성장하며, 배움의 기쁨을 나누는 교사로 계속 걸어가고자 합니다.

09

배움 속에서 길어 올린 교직의 의미

공이진(교사)

2025학년도에 천안 차암초등학교에 첫 발령을 받아 5학년 담임을 맡게 되었습니다. 교직 생활의 첫걸음을 내디딘다는 사실만으로도 설렘과 긴장감이 교차했는데, 그 무대가 다름 아닌 혁신학교라는 점은 더욱 특별한 의미로 다가왔습니다. '혁신'이라는 이름에는 낯설고 새로운 시도들이 담겨 있을 거라는 막연한 기대와 함께, 그 변화의 흐름에 잘 적응할 수 있을까 하는 두려움도 있었습니다.

처음 교단에 선다는 사실은 그 자체로 큰 도전이었습니다. 학급을 맡아 아이들을 이끌어 가야 한다는 책임감, 교과 수업을 충실히 준비해야 한다는 압박감, 그리고 동료 교사들과 어깨를 나란히 해야 한다는 부담이 한꺼번에 몰려왔습니다. 그러나 돌이켜보면 이런 긴장과 어려움은 곧 배움의 출발점이 되었고, 그 과정에서 교사로서 성장할 수 있었습니다.

특히 혁신학교라는 교육 환경은 저의 첫 교직 생활을 더욱 풍성하게 해주었습니다. 일반적인 학교와 다른 운영 방식, 배움 중심의 교육철학, 수업에 집중할 수 있도록 배려된 구조는 교사의 본질적 역할에 집중하도록 이끌어 주었습니다. 낯설고 서투른 시기였지만, 혁신학교의 교육적 가치와 철학이 제게는 든든한 울타리이자 성장의 발판이 되어 주었습니다. 그 과정에서 제가 신규 교사로서 느끼고 배운 점들을 구체적으로 이야기하고자 합니다.

첫째, 민주적인 의사결정 과정을 통해 교직 사회의 건강한 소통 문화를 체험할 수 있었습니다. 학교에서는 회의와 협의가 단순히 정해진 내용을 전달하거나 결정을 통보하는 자리가 아니라, 교사들이 서로의 의견을 자유롭게 나누고 함께 대안을 찾아가는 논의의 장으로 운영되고 있었습니다.

예를 들어, 각 학년에서 한 학기 동안 운영한 교육과정의 흐름과 수업 실천 사례, 학생들의 반응, 고민되는 점 등을 공유하면서 서로의 경험을 나누는 시간이 있었습니다. 이때, 단순한 결과 보고를 넘어 교사 간의 깊이 있는 대화와 성찰이 이루어지는 모습이 인상 깊었습니다. 한 교사의 수업 아이디어가 또 다른 학년의 실제와 연결되어 새로운 관점으로 확장되기도 하고, 운영상 어려웠던 점에 대해 함께 해결 방안을 찾는 과정도 자연스럽게 이루어졌습니다. 발표자와 청중의 경계를 넘나들며 자유롭게 의견이 오가는 분위기에서 구성원 모두가 교육과정의 '공동 설계자'이자 '공동 책임자'로 참여하고 있다는 느낌을 받을 수 있었습니다.

학생 생활 지도나 행사 운영과 관련된 논의에서도 '이 방식이 왜 필요한지', '아이들에게 어떤 의미가 있을지'에 대한 고민이 공유되며, 단순한 행정보다 '교육적 가치'에 방점을 두는 대화들이 이루어졌습니다. 이런 과정을 지켜보면서, 학교가 민주적인 운영 문화를 바탕으로 움직일 때 교사들이 더 책임감 있게 참여하고, 결과적으로 학교 전체가 더 긍정적인 방향으로 나아갈 수 있다는 것을 느꼈습니다.

이 경험은 제가 어떤 교사로서 동료들과 협업해야 하는지를 궁리하게 했습니다. 민주적인 협의 문화는 형식적인 의견 개진을 넘어 더 나은 교육을 함께 만들어가기 위한 힘이라는 것을 알게 되었고, 저도 열린 자세로 소통하며 학교 공동체의 일원으로서 적극적으로 참여하고 기여하고자 합니다.

둘째, 교수학습 중심의 업무 정상화는 신규 교사로서의 적응을 한층 수월하게 해주었습니다. 교직 생활을 막 시작한 저에게는 수업 준비만으로도 하루가 빠르게 지나갔습니다. 교과서와 지도서를 여러 번 읽고 어떻게 하면 아이들이 흥미롭게 참여할 수 있을지 생각하며 수업 자료를 만드는 데만도 많은 시간이 소요되었습니다. 처음에는 하루 수업을 무사히 마치는 것만으로도 벅찼기에, 여기에 여러 행정 업무까지 겹쳤다면 감당하기 어려웠으리라 생각합니다. 하지만 우리 학교는 업무전담팀이 체계적으로 운영되어, 신규 교사인 제가 학사 행정에 매이지 않고 오롯이 수업과 학생 지도에 집중할 수 있도록 배려해 주셨습니다. 덕분에 수업안을 다듬고 교실 활동을 준비하는 데 더 많은 시간을 할애할 수 있었고, 아이들과의 관계 형성에도 에너지를 쏟을 수 있었습니다.

또한, 이런 구조가 단순히 행정 업무를 줄여주는 차원을 넘어, 학교 구성원 전체가 '교사의 본질은 가르침에 있다'는 공감대를 바탕으로 협의하고 조율해 만들어진 결과라는 점을 알게 되었을 때, 더욱 큰 감사를 느꼈습니다. 동료 선생님들이 각자 몫을 기꺼이 맡아 주셨기에 제가 안정적으로 적응할 수 있었음을 생각하며, 저도 공동체에서 제 역할을 성실히 해내야겠다고 다짐하게 되었습니다.

셋째, 교사 학습 공동체 운영을 통해 전문성을 신장시킬 수 있었습니다. 혁신학교의 가장 큰 특징 중 하나는 교사들이 각자 교실에서 머무는 것이 아니라 서로의 경험을 나누고 함께 연구하는 문화가 일상적으로 자리 잡혀 있다는 점이라고 생각합니다. 교사 혼자의 힘으로는 한계가 있을 수밖에 없지만, 동료와 고민을 나누고 수업을 연구하는 과정을 통해 훨씬 풍부하고 다채로운 교육이 가능해집니다. 저도 첫 교직 생활을 시작하며 배움이 질실했던 시기에, 학습 공동체가 주는 힘과 가치를 온몸으로 느낄 수 있었습니다.

특히, 제가 속한 5학년의 동료 문화는 저에게 정말 든든한 버팀목이 되었습니다. 매주 학년 회의에서는 전문적 학습공동체를 운영하며 서로의 수업을 연구하고 자료를 공유했습니다. 미술, 체육, 음악, 영어 교과를 담당한 선생님들이 준비한 수업 아이디어와 적용 사례를 나누어 주실 때마다, 신규 교사인 저는 큰 도움을 받을 수 있었습니다. 교과별 전문성을 갖춘 선생님들께서 친절하게 자료를 설명해 주시고, 수업의 어려운 점이나 운영 팁을 아낌없이 나눠 주시는 모습은 큰 울림을 주었습니다.

사실 신규 교사로서 모든 교과를 준비하고 실행하는 일은 쉽지 않았습니다. 낯설고 경험이 부족하다 보니 어떤 교과에서는 몹시 막막하기도 했습니다. 그러나 동 학년 선생님들의 수업 공유와 협력 덕분에 자신감을 얻게 되었고, 수업 운영에 필요한 안목도 넓혀갈 수 있었습니다. 수업 자료만 얻는 것이 아니라, 함께 연구하고 서로의 어려움을 이해하며 해법을 찾아가는 과정 자체가 큰 배움이자 성장의 기회였습니다.

이처럼 학습 공동체의 경험은 신규 교사인 저에게 교직 생활의 길잡이가 되어 주었습니다. 교사로서의 전문성이란 하루아침에 길러지는 것이 아니라, 많은 연구와 실천, 그리고 동료와의 협력을 통해 조금씩 자라나는 것임을 체감할 수 있었습니다. 무엇보다 중요한 것은, 이 모든 과정이 개인의 선택이 아니라 학교 문화 속에서 '당연하게' 이루어지고 있다는 점입니다. 이 문화를 통해 교사 혼자서는 결코 해낼 수 없는 배움과 성장을 경험했고, 학교 공동체의 일원으로 함께 배우며 성장하는 즐거움을 느낄 수 있었습니다. 앞으로도 동료 교사들과 교육과정을 연구하고, 수업을 나누며, 협력 속에서 전문성을 꾸준히 확장해 가고 싶습니다. 이 과정이야말로 혁신학교가 지향하는 진정한 배움의 길이며, 교사로서 평생 잊지 말아야 할 자세라고 생각하게 되었습니다.

넷째, 혁신학교의 철학은 저의 교육관 형성에 깊은 영향을 주었습니다. 혁신학교에서의 첫 근무는 교직의 시작과 동시에 '교육이란 무엇인가'를 끊임없이 묻고 성찰하는 시간이었습니다. 혁신학교는 학생 중심, 배움 중심, 관계 중심의 철학을 바탕으로 아이들이 스스로 삶을 살아갈 힘을 기르도록 돕는 교육을 지향합니다. 이런 철학은 제가 처음 교사로서 교육 현장에 들어선 순간부터 자연스럽게 제 수업과 교육관에 영향을 주었고, 교사로서의 방향을 정립하는 데 큰 틀이 되어 주었습니다.

특히 '배움 중심 수업'이라는 개념은 수업을 어떻게 구성할 것인가에 대한 고민을 넘어, 교사와 학생이 수업에서 함께 성장하는 존재라는 인식을 심어주었습니다. 단순히 지식을 전달하고 결과를 평가하는 것이 아니라, 아이들의 생각을 존중하고, 친구들과의 협력 속에 배움을 확장해 가는 경험이 중요하다는 점을 느낄 수 있었습니다.

신규 교사로서 아직 미숙한 점이 많지만, 이런 철학을 바탕으로 수업을 구성하고자 노력했습니다. 예를 들어 국어 수업 시간에는 학생들이 의견을 나누고, 친구의 생각에 반응하며 의미를 만들어 갈 수 있도록 토의와 모둠 활동을 도입해 보았습니다. 처음에는 일부 학생들만 참여하고 흐름을 이끌어가는 데 어려움이 있었지만, 규칙을 함께 만들고 돌아가며 역할을 바꾸는 등의 시도를 통해 점차 더 많은 학생이 적극적으로 참여하는 모습을 보였습니다. 수업이 끝난 뒤 아이들끼리 의견을 주고받는 모습에서, 교사의 계획보다 더 의미 있는 배움이 일어날 수 있다는 것을 깨닫게 되었습니다.

이처럼 혁신학교의 지향점은 수업 구성 방식뿐만 아니라, 학생을 바라보는 시선과 교사로서의 정체성에도 영향을 주었습니다. 수업은 가르치는 일만이 아니라, 아이들의 삶을 존중하고, 함께 질문하고 성장하는 과정이라는 사실을 조금씩 배워가고 있습니다.

아직도 배움 중심 수업을 실천하는 데는 많은 고민과 어려움이 따릅니다. 학생들의 참여를 어떻게 이끌어낼지, 개별 학생의 배움을 어떻게 평가할지에 대한 물음은 여전히 현재 진행형입니다. 하지만 분명한 것은, 혁신학교라는 교육 환경에서 어떤 교사가 되고 싶은지, 어떤 수업을 만들어가야 하는지를 조금씩 그려 가고 있다는 점입니다. 아이들과 함께 배우며 성장하는 교사로 나아가기 위해 꾸준히 성찰하고 실천해 가겠습니다.

지난 1년을 돌아보면, '신규 교사로 적응했다'는 차원을 넘어, 교육에 대한 시각이 확장되고 교사로서의 정체성이 조금씩 자리 잡아간 시간이었습니다. 혁신학교라는 특별한 공간에서의 경험은 교직의 길이 혼자 걷는 길이 아님을 일깨워 주었고, 함께 고민하고 나누며 성장하는 공동체적 배움의 가치를 깊이 느끼게 해주었습니다. 또한, 누군가의 헌신으로 제가 안정적으로 적응할 수 있었다는 점은 앞으로 제가 후배 교사를 맞이하게 될 때 반드시 기억하고 실천해야 할 가치라고 생각합니다.

여전히 배워야 할 것이 많은 교사지만, 배움을 두려워하지 않고 성장을 즐길 줄 아는 교사, 그리고 혼자가 아니라 함께 걷는 교사의 길을 소중히 여기는 사람으로 남고 싶습니다. 학생, 동료, 공동체와 함께 나누는 배움의 가치를 잊지 않고, 매일의 실천을 통해 저만의 교사다움을 차근차근 쌓아가겠습니다.

10

혁신학교에서 다시 찾은 교직의 기쁨

박동욱(교사)

2024년 홍성에서 천안으로 오면서 교직 생활에서 처음으로 혁신학교에 발령받게 되었습니다. 혁신학교에 관한 이야기는 숱하게 들어왔지만 직접 경험해 보는 것은 처음이라 발령 발표 이후 혁신학교에 대해 많이 알아보았습니다. 혁신학교에서 근무해 본 동료들도 많지 않고, 혁신학교에 대한 걱정과 우려에 대한 이야기도 많이 들어와서 두려움이 컸습니다. 하지만 혁신학교를 알아보면서 가장 기대되었던 점은 기존 학교 문화에서 벗어나 교육 공동체인 학생, 교사, 학부모가 학교 전반적인 과정을 서로 소통하며 결정하는 민주적인 문화를 경험할 수 있다는 점입니다.

그렇게 새로운 지역, 새로운 학교에서 2월부터 모든 교사가 함께 의논하고 준비하여 드디어 1년간 혁신학교에서 교직 생활을 하게 되었습니다. 그동안의 교직 생활과는 차원이 다르게 학생들과 좋은 관계를 맺고 추억도 쌓으면서 행복한 학교생활을 할 수 있었습니다. 지역 특성상 학부모와의 소통이 활발하게 이루어지지 못했지만, 다년간 혁신학교를 운영해 온 학교답게 모든 학생이 혁신학교에 대해 잘 알고 있고, 그와 관련하여 자신의 마을을 사랑하고 자신의 꿈과 끼를 마음껏 펼치는 모습을 보며 혁신학교에 대한 생각은 두려움과 걱정보다는 행복과 기대로 바뀌어 있었습니다.

하지만 아쉽게도 2024년에 근무한 학교는 그 해를 마지막으로 혁신학교 운영을 종료하게 되었습니다. 1년간 혁신학교에서 생활하면서 행복하고 즐거운 순간들이 많았는데, 이대로 끝내기에는 가슴 한쪽에 아쉬움이 많이 남았습니다. 그래서 2학기에 부랴부랴 천안에 있는 다른 혁신학교들을 알아보고 그중에서도 함께 일한 여러 선생님의 조언을 바탕으로 천안차암초등학교에 내신을 신청하게 되었습니다. 사실 홍성에서 천안으로 온 지 1년밖에 되지 않았고, 천안에서 1년만 근무한 저로서는 일종의 도박이나 다름없었습니다. 내신을 신청할 당시 천안차암초등학교는 혁신학교로 유명한 학교였으며 인기가 매우 높다고 들었기 때문에 순수하게 혁신학교를 다시 경험하고 싶다는 생각 하나만으로 신청한 저에게 정말 운 좋게도 이곳에서 두 번째 혁신학교 생활을 할 수 있게 되었습니다.

작년에 혁신학교를 경험해 보았다 하더라도 천안차암초등학교는 규모 면에서 큰 차이점이 있었습니다. 작년 학교가 12학급 정도의 소규모 학교라면 천안차암초등학교는 50학급 이상의 큰 규모이기 때문입니다. 다행인지 불행인지 작년에 6학년을 가르친 제가 올해도 6학년을 맡게 되어 조금은 걱정을 덜었지만 큰 규모의 학교에서 경험이 거의 전무한 터라 2월부터 제 마음은 다시 불안으로 가득 찼습니다.

아는 선생님도 없고 오로지 혁신학교만 생각하며 온 천안차암초 등학교에서의 첫 만남은 2월 교육과정 만들기 주간에 이루어졌습니다. 다소 어색하지만 함께 일할 6학년 선생님들을 만나게 되었고, 업무지 원팀의 자세한 학교 소개와 천안차암초등학교만의 특징을 들으며 어느 새 불안은 기대로 바뀌고 있었습니다. 특히 업무지원팀에서 새로 오신 선생님들을 위해 학교 구석구석을 알려주시고 여러 질문에도 친절하게 답해주셔서 마음이 놓였습니다. 그리고 업무지원팀에서 정말 이름 그 대로 교사가 수업에 전념할 수 있도록 학교 전반의 모든 일을 지원해주 신다니, 다년간 많은 업무를 맡아온 저로서는 정말 그렇게 해도 괜찮 나 싶을 정도로 앞으로의 학교생활이 궁금해지기도 했습니다.

2025년 3월 4일 개학 날, 드디어 천안차암초 학생들을 만나게 되었 습니다. 25명의 학생이 인근 큰 학교들에 비해서는 적은 수지만 앞서 말했듯이 소규모 학교에서만 몸담아 온 저로서는 큰 부담으로 다가왔 습니다. 하지만 막상 만난 학생들은 6학년이라는 말이 무색할 정도로 순수하고 천진난만하며 생각이 자유로운 학생들이었습니다. 교직 생활 절반에 가까울 정도로 6학년 담임교사를 맡아 왔지만, 지금껏 만난 학 생들과는 차원이 다르게 밝고 긍정적인 에너지가 넘쳤습니다. 작년에 도 이와 비슷한 느낌을 받았지만 천안차암초 학생들은 오랜 기간 혁신 학교 문화에서 자라서인지 훨씬 자유로우면서도 밝고 긍정적이었습니 다. 사실 6학년을 많이 맡으면서도 사춘기를 겪는 학생들의 차가운 반 응이나 지겨워하는 모습에 가르치는 일이 힘들고 지칠 때가 많았는데, 선생님에게 밝게 다가오는 학생들을 보면서 올해도 행복한 학교생활을 할 수 있을 거라는 생각이 들었습니다.

이런 기대에 맞게 1학기 동안 학생들과 많은 이야기를 주고받았고,

수업 시간에 많이 웃으며, 활동하면서도 딱딱하고 경직되어 있는 것이 아니라 자기 생각이나 궁금한 점을 자유롭게 말할 수 있는 학급 문화가 형성되었습니다. 함께 일하는 6학년 선생님들도 뜻과 마음이 잘 맞아 다양한 프로젝트 및 활동들을 함께 진행할 수 있었습니다. 특히 이 학교만의 독특한 행사인 봄축제 기간에 혁신학교의 특성에 맞게 학생들의 의견을 조사하고 그와 관련하여 교사들이 준비하여 진행하니 모두가 만족스러운 행사를 치를 수 있었습니다. 봄축제에서 학생들이 좋아하는 체육활동과 끼를 펼칠 수 있는 장기자랑, 이 모든 것이 교사의 계획으로 진행된 것이 아니라 학생들이 함께 만들어간다는 것이 정말 인상 깊었습니다.

동아리 활동 역시 천안차암초는 특별하게 진행되었는데, 전에 근무했던 학교들이 학생들의 의견을 물어 동아리 활동을 정하고 운영한 데비해, 여기서는 처음부터 학생들이 원하는 동아리를 홍보하고 부원들을 함께 모집하는 점에서 신선했습니다. 인기가 많은 동아리의 경우 선착순이나 추첨으로 인원을 제한하는 방법을 사용하지 않고 오히려 A부, B부로 나누어 가능한 한 학생들이 원하는 동아리를 할 수 있도록 배려하는 모습에서 정말 학생들을 위한 혁신학교라는 생각이 들었습니다. 2학기에 있을 동아리축제 역시 동아리에서 계획하여 학생들이 직접 운영한다니 더욱 기대됩니다. 교사는 지도교사로서 학생들이 필요한 준비물을 준비해주거나 보조하는 역할로, 학생 중심의 동아리 활동이 이루어지고 있었습니다.

천안차암초등학교에서 느낀 또 다른 특별한 점은 학생들 사이에 경쟁이 없다는 것입니다. 모든 학생이 하나하나 소중하고 존중받으며, 지나친 경쟁으로 문제가 발생하지 않도록 다양한 시스템이 운영되고 있었습니다. 우선 다른 학교의 경우 학생자치회도 회장, 부회장을 선출하지 않고 운영되었는데, 처음에는 혁신학교라면 학생자치회의 역할이 중요하고 민주적인 문화를 형성하기 위해 학생들의 의견을 대신 전달하는 대표가 필요하다고 생각했습니다. 하지만 천안차암초등학교에선 한 달에 한 번 학급에서 열리는 다모임을 통해 학생들의 생각과 의견을 모으고, 모아진 의견은 학생사랑자치부라는 무학년 동아리로 전달되어 학생들의 의견이 학교에 잘 전달될 수 있었습니다. 선거 역시 민주주의에서 중요한 요소지만 그보다 학생들이 지나친 경쟁으로 고통받을 것을 염려한 천안차암초 구성원들의 사랑이 느껴졌습니다. 그리고 6학년의 경우 표창 및 장학생 선발을 위한 졸업평정 역시 경쟁을 지양한다는 점에서 계획되거나 운영되지 않았습니다.

이런 천안차암초 혁신학교의 특별한 운영 방식은 학부모와 교사에게도 큰 영향을 주었습니다. 우선 6학년 담임을 많이 맡다 보니 대부분의 6학년 학부모님은 자녀가 고학년이어서 담임교사와 소통하는 일이 많지 않고 학기 초 상담 또는 공개수업 참여도 저학년에 비해 매우 적었습니다. 하지만 학부모 상담 주간에 깜짝 놀란 점은, 25명의 학부모님 중에서 무려 23명이 학기 초 상담을 희망한 것입니다. 미처 생각지 못한 상담 신청 수에 걱정되었지만, 자녀에 대한 높은 관심과 담임교사에 대한 믿음과 지지에 오히려 힘이 되었습니다. 이후 학교 생활에서도 학부모님들께서 이 학교를 위해 정말 많은 노력을 하고 계심을 알게 되었습니다. 등교길 교통안전 지도, 도서관에서 장서 대출 및 정리, 봄축제 기간에 학생들을 위한 간식 만들기, 마을 교사로서 학생들에게 재미있는 수업까지 여러 분야에서 학부모님들은 학교를 위해 적극적으로 소통하며 봉사하고 계셨습니다.

함께 일하는 선생님들과의 관계에서도 천안차암초만의 문화를 경험할 수 있었습니다. 이렇게 큰 학교의 특성상 자신이 속한 학년 선생님들 외에는 교류하기가 쉽지 않습니다. 하지만 천안차암초등학교에서는 교사동아리가 매우 잘 운영되고 있고, 학기 초 다양한 교사동아리 중에 관심사가 같은 선생님들끼리 모여 서로 교류할 기회가 마련되었습니다. 저도 작년 학교에서 재미있게 했던 배구가 생각나 배구동아리를 신청하게 되었고, 일주일에 두 번 모여 함께 운동하고 이런저런 이야기를 나누면서 많은 선생님과 친하게 지낼 수 있었습니다. 특히 천안에 아는 선생님들도 많지 않은 상황에서 교사동아리를 통해 다양한 선생님을 만나고 학교에 관한 많은 이야기를 들을 수 있어서 새로운 학교 적응에 큰 힘이 되었습니다.

이뿐만 아니라 전문적 학습공동체와 문화의 날, 교직원 회의 등을 통해 동 학년, 동아리에서 만나지 못한 선생님들과도 이야기를 나눌 기회가 마련되었고, 특히 1학기 교육과정 평가회에서는 학년 구분 없이 섞여 주제에 맞는 이야기를 나누고 더 나은 학교로 발전하기 위해 협의할 수 있었던 것이 매우 인상적이었습니다. 교직원 회의 문화도 경직되지 않고 안건을 발의한 선생님의 충분한 설명과 그에 관한 여러 선생님의 의견 청취, 그리고 민주적인 절차를 통해 의견을 결정하는 것 등이 내가 정말 혁신학교에서 일하고 있다는 것을 다시금 깨닫게 해주었습니다.

마지막으로 천안차암초만의 혁신학교의 특별함을 느낀 것은 학생 생활지도입니다. 혁신학교를 신청하면서 가장 큰 고민이었던 것은 학생의 생활지도였는데, 아무래도 혁신학교에서 자유롭고 민주적인 문화를 중요하게 생각하다 보니 이를 악용하여 학생들이 버릇이 없거나 과한 행동을 하지 않을까 염려되었습니다. 특히 또다시 6학년을 맡으니 학교 폭력, 교육활동 침해 등이 매우 신경이 쓰였습니다.

하지만 이런 걱정도 이내 말끔히 해소되었는데, 우선 모든 학부모와 교사들이 학생들을 위한 생각으로 가득하니 학생생활규정이 잘 마련되어 있었습니다. 이런 규정이 만들어지기까지 수차례 학생, 학부모, 교사의 의견을 청취하고 수정하고 보완한 흔적들을 볼 수 있었고, 학교 곳곳에 이런 학생 생활 규정을 알려줌으로써 자연스럽게 학생들은 학교의 규정을 준수하고 있었습니다. 또한 사안이 발생해도 규정 및 지침에 맞게 업무지원팀에서 신속하게 대처해주어 안심하고 학생 지도에 전념할 수 있었습니다.

천안차암초등학교에서 경험한 저의 솔직한 생각과 경험을 주저리주저리 다소 장황하게 이야기했습니다만, 간략하게 정리하자면 첫째, 사유롭고 경쟁이 없는 행복한 학교생활을 하는 학생들의 모습이 인상적이고, 둘째, 학부모와 교사 그리고 학생이 서로 소통하며 함께 만들어가는 학교라는 점이 좋았으며, 셋째, 민주적인 의사결정 과정과 활발한 소통으로 만들어진 학생생활규정 덕분에 안정적인 학생생활지도를 할 수 있음에 감사합니다. 아직 혁신학교 경험이 적지만 천안차암초등학교만의 특별함으로 혁신학교에 대한 생각이 점점 좋아지고 있으며, 남은 학교생활도 즐겁고 행복하게 보낼 수 있을 것 같습니다.

11

배움이 가운데에 있는 학교에서

채병진(교사)

'띠링.' 운전 중 문자가 왔습니다. 슬쩍 확인하니 이번에 전입하게 된 학교에서 온 안내였습니다.

'뭐지?' 하는 마음으로 인근 상가 주차장에 차를 세웠습니다.

"교원인사자문위원회 결과 선생님께서는 열매(5)학년으로 배정되었음을 알려드립니다. 내일 8시 40분까지 미소관(체육관)으로 오셔서 학년별 자리에 앉아주시면 감사하겠습니다. 천안차암초등학교."

"이게 뭐야!" 하고 무심코 목소리가 높아지니, 조수석의 아내가 걱정스레 물었습니다. "무슨 일 있어?"

"학년 배정 결과를 왜 벌써 알려주지? 학교 밴드에 초대는 또 뭐야?"

이 장면이 저의 '우리 학교 첫 기억'입니다. 아주 강렬했습니다. 발령 이후 익숙한 절차와는 다른 흐름이 이어졌기 때문입니다. 발령 명단이 뜬 날, 앞으로의 일정을 여쭈려고 학교에 전화하니 "곧 문자가 갈 겁니다"라고 했습니다. 실제로 도착한 문자는 휴직 희망 여부와 희망 학년을 묻는 내용이었습니다. 그런데 이상했습니다. '왜 희망 업무를 묻지 않지?' 그동안의 제 경험과 다른 전개가 신경 쓰였습니다. 그 작은 낯섦을 손에 쥔 채 이 학교와 첫 만남을 시작했습니다.

교육과정 함께 만들기 주간이 시작되고 첫 출근을 했습니다. 역시나 이제까지의 경험과 달랐습니다. 이미지 카드를 통해 자기소개를 하고, 전체 교직원의 얼굴과 이름을 익히는 아이스브레이킹 이후 학교 소개로 이어졌습니다. 더 놀라운 건 '실제로' 학년별 교육과정 운영에 대한 회의와 준비가 나머지 기간 내내 이어진 것입니다. '한 사흘 나오면 끝나겠지? 왜 5일이나 나오는 거야?' 했던 생각이 무색할 정도였습니다.

이후 며칠이 지나지 않아 금세 한 가지를 알아차렸습니다. 우리 학교는 '업무분장'을 먼저 묻지 않고, 수업이 중심에 오도록 일을 다시 묶는 방식을 실천하고 있었습니다. 행정적 처리와 큰 행사 운용, 일정 조율 등 교실 밖에서 요란할 수밖에 없는 일들을 업무전담(지원)팀이 한곳에 모아 정리하고, 담임교사에게는 별도의 행정업무를 얹지 않으려는 원칙이 분명했습니다. 이를 통해 우리 학교는 담임교사가 수업과 생활지도에 집중할 수 있도록 돕습니다.

매일 첫 교시 종이 울리기 전, 저는 한 가지를 먼저 확인합니다.

"오늘 수업을 흐트러뜨릴 일은 무엇인가?" 교육과정 운영, 진도 나가는 중간에 발생하는 학교 행사나 외부 요청 등의 요소가 없는지 살피는 것입니다. 그런데 이 학교에서는 대부분 그 일은 전담팀을 거쳐 '흐트러지지 않도록' 준비되어 있었습니다. 어느새 제 책상 위 체크리스트의 첫 줄이 바뀌었습니다. 수업을 흔들지 않도록 만든 구조를 믿게 되었고, 동 학년 선생님들과 수업을 더 탄탄하게 준비하기. 학교가 교사의 시간을 존중할 때, 교사는 학생의 시간을 더 정성껏 존중할 수 있음을 몸으로 배웠습니다.

업무 배정 절차도 단순하고 명확합니다. 희망-협의-자문 순서를 지키고, 불가피한 경우에만 학교가 인사 자문을 통해 지명합니다. 능률만 보지 않고, '올해 이 사람이 여기 서면 교실이 편안해지는가'라는 질문을 오래 붙듭니다. 사람의 결을 먼저 세우면, 일은 자연스럽게 제자리로 돌아가며, 수업은 흔들림이 줄어듭니다. 그 과정을 보며 학교가 사람의 속도로 움직일 때 수업이 가장 단단해진다는 사실을 배웠습니다.

크고 분주한 학교일수록 소통의 결을 촘촘히 잇는 일이 중요합니다. 우리 학교는 회의 문화를 깔끔하게 정리해 두었습니다. 전달성 공지는 간결하게 흘려보내고, 의견이 필요한 안건은 함께 모여 의견을 나눕니다. 월 1회 교직원회의와 기획회의는 '민주적 협의문화'를 담아 한 사람이 아닌 구성원 전체의 의견을 모아서 교육과정 운영 방향을 정합니다. 때로는 교사-학부모 연석회의로 논의의 테이블을 넓히고, 특정 과제는 TF로 기간을 정해 집중합니다. 이 모든 과정은 가능한 한 투명하게 기록되어 공유됩니다.

회의에서 제가 가장 안심하는 대목은 하나입니다. 관리자도 그 자리에서는 한 표라는 원칙입니다. 덕분에 합의의 무게가 특정인에게 치우치지 않습니다. 회의 후에는 합의문이 남고, 합의문이 남으니 맥락이 보입니다. 맥락이 보이니 다음 선택은 더 빨라집니다. 저는 이 기록의 습관이 우리 학교의 보이지 않는 안전망이라고 생각하게 되었습니다. '업무전담팀의 운영이 회의 문화를 지키고, 회의 문화가 업무전담팀 중

심의 수업 몰입을 지킨다.'

우리 학교는 아이들을 식물의 자람으로 부릅니다. 새싹, 잎새, 줄기, 꽃잎, 열매, 씨앗 그리고 특수학급은 뿌리라고 부릅니다. 처음엔 이게 뭘까 했지만 곧 이해했습니다. 완성의 높이를 재기보다 순환하는 성장의 방향을 보자는 약속이 그 이름에 있습니다. 학교의 하루가 시작될 때 저는 짧은 문장을 소리 내어 읽습니다.

"씨앗이 아니라 새싹에서 시작한다."

이 문장을 읽으면, 그날의 수업 질문이 바뀝니다. "정답이 무엇이니?" 대신 "왜 그렇게 생각했니?"를 먼저 묻습니다. 발표는 결론을 자랑하는 시간이 아니라 선택의 이유를 드러내는 시간이 되고, 평가는 결과보다 과정에 중심을 두는 과정입니다. 교실의 공기가 조금 느려지는 대신, 아이들의 생각은 더 멀리 갑니다.

한 주 중 제가 가장 좋아하는 날은 수요일입니다. 현재는 화요일로 바뀌었지만, 전문적 학습공동체(PLC)가 운영되는 날입니다. 이를 통해 학년에서는 수업을 설계-실행-성찰의 고리로 묶습니다. 같은 교육과정을 운영하는 이들의 생각이 모이고, 이 생각은 학생의 *성장*, 주도성 있는 학생의 삶에 무게를 둡니다. 또한, 무학년 공동체 운영을 통해 교과와 직책의 울타리를 가볍게 넘어 관심과 필요에 따라 함께 모여 공통의 관심 주제를 깊게 파고듭니다.

전입 후 지금까지 아동 문학, 성인 문학, 비폭력 대화 등의 주제 모임에 참여했습니다. 학습공동체는 성과를 재촉하지 않습니다. 그 시간에 저는 가르치는 사람에서 배우는 사람으로 자리를 바꿉니다. 알게 된 내용은 나의 삶에도 반영되고, 이후 수업에도 반영됩니다. 배우고 나누는 활력소가 교실을 더욱 단단하게 붙잡습니다. "교사는 늘 가르치는 사람일까?" 그 질문에 조용히 "아닙니다"라고 답합니다.

학교 앞 차암근린공원과 산동천, 동네 골목과 마을회관. 교과서의 문장이 이곳에서 다시 살아납니다. 추수 활동, 숲밧줄, 학부모 동아리, 교사 연수… 이름은 다양하지만 핵심은 하나입니다. 학생의 삶터와 배움터를 잇는 일입니다. 지역 마을공동체와 학부모회가 든든한 동반자로 함께해 주셨고, 아이들은 마을의 사계절을 건너며 '환경'이라는 단어를 생활의 언어로 바꾸어 갑니다. 2023년까지 차암초는 마을의 일원으로 마을축제에 기획단계부터 참여했습니다. 토요일에 우리 학교와 공원 등지에 마을 주민들이 모여 자기 재주를 뽐내기도 하고, 지구를 위한 물건 나눔도 했습니다. 전통놀이를 포함한 간단한 놀이 활동을 통해 함께 웃음 짓고 화합하는 기회가 있었습니다. 문서에만 있던 낯선 단어가 눈앞에 펼쳐지는 순간이었습니다. 그때 알았습니다. 배움은 장소를 넓히면 뜻도 넓어진다는 것을.

학교에서의 시간을 글로 옮기며 우리가 지켜갈 세 가지를 되새깁니다.

첫째, 수업을 방해하지 않는 구조를 끝까지 지키겠습니다. 전담팀-수업 현장-학부모 공동체가 다리처럼 연결되도록 소통의 결을 더 촘촘히 하겠습니다.

둘째, 배우는 교사를 잊지 않겠습니다. 배움과 가르침을 이어가자는 약속을 소중히 지키고, 연구-실행-성찰이 끊기지 않도록 제 몫의 기록을 성실히 남기겠습니다.

셋째, 마을과 이어진 교육과정을 더 깊게 심겠습니다. 아이들이 마을에서 질문을 발견하고, 교실에서 방법을 찾고, 다시 마을에서 답을 시험하는 순환의 배움을 일상으로 만들겠습니다.

마지막으로, 전입 전에 차를 세우고 문자메시지를 읽던 제게 지금이라도 말을 건넬 수 있다면 이렇게 전하고 싶습니다.

"놀랄 수 있지만 괜찮아. 이 학교는 수업이 가운데에 앉도록 '일의 순서'를 매일 바꾸어 줄 거야. 그 가운데서 아이들의 속도를 존중해. 그러면 어느 날, 서로의 속도가 닿아 학교의 하루가 놀랄 만큼 단단해지는 순간을 보게 될 거야."

저는 내일 아침에도 아이들 앞에서 차분히 묻겠습니다.

"우리 함께 왜 그렇게 생각했는지부터 이야기해 볼까요?"

12

학교가 달라지니 아이들이 달라졌다

박재선(교사)

민주적 의사결정 체제 구축

차암초등학교는 혁신학교로서 교사와 직원 모두가 참여하는 민주적 의사결정 체제가 잘 정착되어 있습니다. 학교의 주요 사안은 일부 교사의 결정으로 이루어지지 않고, 전체 교직원이 참여하는 회의에서 논의되며, 모든 의견을 충분히 수렴한 후 합리적인 결정을 내리고자 노력합니다. 이런 과정은 때로 시간이 많이 소요되지만, 다양한 관점을 반영하고 소수 의견까지 존중하는 학교 문화를 만드는 데 큰 역할을 합니다.

2017년 차암초등학교에 부임했을 당시, 신규 교사임에도 이런 회의에 참여하여 제 의견을 제시하고 학교 운영의 일부를 함께 결정할 수 있었습니다. 이 과정에서 '나도 학교 공동체의 중요한 일원이다'라는 소속감을 깊이 느꼈으며, 동료 교사들의 다양한 생각과 경험을 접하면서 의사소통 능력과 문제 해결 능력 또한 크게 성장할 수 있었습니다.

민주적 의사결정에는 장단점이 있습니다. 다양한 의견을 충분히 수렴하는 과정은 교사 개인에게 상당한 시간과 에너지를 요구하며, 때로는 결정을 내리는 속도가 느려지는 단점이 있습니다. 표결로 결론을 낼 경우 소수 의견이 충분히 반영되지 못하는 한계도 있습니다. 그러나 이런 과정을 체험하면서 다수결의 한계와 소수 의견 존중의 중요성을 체감할 수 있었고, 장기적으로는 학교 구성원 모두가 함께 성장할 수 있는 기반이 마련됨을 깨달았습니다.

교수학습 중심의 업무 정상화

차암초등학교에서 근무하면서 저학년(2학년) 프로젝트 학습에 참여하며 교수학습 중심의 업무 정상화를 경험할 수 있었습니다. 프로젝트 학습을 준비하는 과정에서 다양한 자료를 수집하고, 동료 교사들과 수차례 협의를 거쳐 수업안을 함께 설계하며, 학생들에게 가장 적합한 학습 방법을 고민했습니다. 이런 과정은 단순히 교사가 수업을 전달하는 것에서 벗어나, 학생의 학습 경험을 최우선으로 고려하는 교육 환경을 조성하는 데 큰 의미가 있습니다.

프로젝트 학습을 통해 학생들은 지식 암기를 넘어 스스로 탐구하고 문제를 해결하는 경험을 쌓을 수 있었습니다. 학습 과정에서 서로 협력하며 의견을 나누고, 과제 수행 과정에서 성취감을 느끼는 모습을 자주 보여주었습니다. 이런 학습 경험은 학생들의 학습 참여도를 높이는 것은 물론, 협력과 의사소통 능력을 향상시키는 데도 긍정적인 영향을 미쳤습니다.

이런 경험은 저에게도 큰 배움이 되었습니다. 교사들이 불필요한 행정 업무에 시간을 쏟기보다 교수학습 연구와 수업 설계에 집중할 수 있는 환경이 마련되면, 학생들에게 보다 질 높은 교육을 제공할 수 있다는 것을 체감할 수 있었습니다. 더 나아가 동료 교사들과의 협업 경험을 통해 교육 공동체 내 상호 신뢰와 지원의 중요성을 다시금 확인할 수 있었습니다.

배움중심 수업 실현

본교에서는 전통적인 강의식 수업에서 벗어나, 학생 중심의 프로젝트 수업으로 수업 구조를 재편했습니다. 이런 변화는 학생들이 수업에 적극적으로 참여하도록 유도하고, 학습에 대한 흥미와 동기 부여를 높이기 위해 추진되었습니다. 프로젝트 중심 수업을 설계하고 운영하는 과정에서 교사는 자료 준비, 활동 계획, 학습 평가 설계 등 많은 어려움에 직면했습니다. 그러나 학생들이 자발적으로 참여하고 학습 과정에서 즐거움을 느끼는 모습을 보면서, 이런 노력은 충분히 보람 있는 일임을 실감했습니다.

특히, 교실에서 경험하기 어려운 활동이나 심화 학습은 학교 내부 자원만으로는 한계가 있기에, 마을 교육, 지역 체험 활동 등 외부 자원을 적극적으로 활용했습니다. 이를 통해 학생들은 교실에서 얻기 어려운 실질적 경험을 쌓고, 학습 내용과 실제 생활을 연결하는 기회를 갖게 되었습니다. 이런 경험은 학생들의 탐구력과 문제 해결 능력뿐만 아니라 자기 주도적 학습 태도를 기르는 데도 큰 도움이 되었습니다.

수업 운영 과정에서 가장 중시한 점은 경쟁 중심의 학습 환경이 아닌, 협력과 상호 성장을 강조하는 분위기를 조성하는 것이었습니다. 학생들은 동료와 함께 과제를 수행하며 자기 역할을 책임감 있게 해내고, 타인의 의견을 존중하며 문제를 해결하는 과정을 배우게 되었습니다. 이런 경험은 학생들의 사회적 역량과 자기 주도적 학습 능력 향상에도 크게 기여했습니다.

결과적으로, 본교의 배움 중심 수업 실현 노력은 학생들의 학습 흥미를 높이고, 교사와 학생 모두에게 의미 있는 학습 경험을 제공했으며, 학교 교육의 질적 향상에도 긍정적인 영향을 미쳤습니다.

13

무학년 학습공동체라니!

정지은(교사)

무학년 학습 공동체라니, 대단히 신선한 느낌으로 다가왔다. 학년 학습공동체가 점차 활발해져 갈 때, 솔직히 학년에서 연구하고자 하는 주제를 아무 생각 없이 받아들이고 적극적으로 참여하지 않았던 나였는데, 우연한 계기로 학년에 제약을 받지 않는 무학년 학습 공동체에 자발적으로 입문하게 되었다.

처음에는 동료 선생님이 가볍게 권유하셨다.

"재미있는 책 모임이 있어. 아동 문학을 읽고 생각을 공유하는 거야~ 책도 두껍지 않아서 할 만해! 와서 같이 하자~"

학습 공동체라고 해서 뭔가 심도 있게, 무겁게, 어렵게 접근하는 법은 없는 듯했다. 초등교사에 맞게 '아동'의 시선에서 '아동'의 심리를 서술한 '아동' 문학을 읽고 생각을 나누는 모임이라니. 책과 담 쌓아온 나로서는 반 강제, 반 자의로 무학년 학습 공동체 '온작품읽기'의 일원이 되었다.

　‘온작품읽기’ 공동체는 한 달에 두 번 정도 격주로 운영되었다. 교직
원회의, 학년 전학공과 회의 등에 지장을 주지 않는 선에서 날짜를 정
하여 만나는데, 갑자기 행사가 생기거나 하면 융통성 있게 날짜를 조정
하여 모였다. 이 공동체의 진행방식을 간략하게 설명하면, 일단 선생님
들의 이름은 언급 금지다. 경직된 모임 분위기를 풀어주기 위해 각자 별
칭을 정한다. 그 별칭을 부르면 한층 부드러운 분위기를 연출할 수 있
다. 내 별칭은 ‘국화’였다. ‘선생님’ 하던 호칭을 ‘국화님’이라 부르니, 이것
만으로도 학교가 아닌 바깥에서 이루어지는 다른 모임이 되었다.

　‘온작품읽기’의 핵심은 책 선정과 공동체의 하루 마무리를 어떻게
매듭짓느냐인 것 같았다. 유명한 동화 평론가의 평론집에 소개된 도서
를 바탕으로 각자 한 권의 책을 정한 후, 학교에서 지원해 준 물품 구입
비로 책을 구매하여 회원들에게 제공한다. 자기가 선정한 책에 대해 생
각을 나누는 날에는 그 사람이 길잡이가 되어 마음 열기를 시작으로
모임이 이루어진다. 그리고 강제적이 아닌 자유로운 분위기에서 각자
이 책에 대해 이야기하고 싶은 내용을 가감 없이 말하거나 궁금했던
부분에 대해 질문하는 등, 형식에 얽매이지 않는 생각 나누기가 이루어
진다. 가끔 이야기하다 보면 대화 주제가 곁가지로 빠질 때도 있지만
이 또한 이 공동체의 매력이랄까? 누군가 너무 말을 많이 한다고, 혹은
아무 말도 하지 않는다고 질타하거나 눈치 주지 않는다. 이런 편안함
때문에 구성원들이 모임 때마다 잊지 않고 참석하는 것 같았다. 책에
대한 이야기를 나눈 후에는 내 마음을 울린 책 속의 한 구절을 포스트
잇에 적어 선생님들과 이 글귀의 의미를 짚어보고 감동을 공유한다. 마

지막으로 평론집에 쓰여있는 평론가의 시선에서 다시 한 번 이 동화를 느껴본다. 평론집을 읽을 때 여기저기서 탄성이 나오는데, 그 까닭은 '그 평론가와 내 생각이 같다니!' 아니면 '왜 나랑 다른 생각을 하지?' 무조건 둘 중 하나다. 평론집을 읽을 때 선생님들의 표정을 보면 다들 푹 빠져 있는 모습들을 볼 수 있었다.

이 공동체의 하이라이트라고 볼 수 있는 것이 있는데, 동화 작가를 초대하여 그 동화에 대한 진솔한 이야기를 들어볼 수 있는 점이었다. 이 공동체의 초대 리더 이○진 선생님은 발이 무척 넓으셔서 많은 동화 작가를 알고 계셨다. 그 인맥 덕분에 1년에 한 번 정도 연수 형태의 강의를 들을 수 있었다. 대표적으로 '도야의 초록리본'을 집필한 박상기 작가, '강을 건너는 아이'의 심진규 작가 등, 동화 작가분들의 애정이 가득 담긴 강의를 듣는다는 건 이 모임에서 기억에 남는 중요한 장면 중 하나다.

동화책과 관련된 공동체로서 외부 활동도 빼놓을 수 없다. 두정동에 위치한 어린이 도서관을 방문하여 견학하고, 천안을 대표하는 동화 작가 소중애 님의 문학관을 방문하여 소 작가의 동화 사랑하는 마음을 엿볼 수 있는 값진 경험을 했다.

'온작품읽기'의 위기도 있었다. 2024년. 리더 이○진 선생님이 다른 학교로 가게 되었다. 리더가 없으면 어떡하지? 그렇다. 새로운 리더를 뽑으면 된다. 2021년부터 2023년까지 이 공동체에 몸담았던 나는 서당 개는 아니지만 3년간 듣고 본 것들이 있으니, 전처럼 완벽한 운영은 못 하겠지만 어느 정도 유지는 할 수 있겠다 싶었다. 그래서 당당하게 학교 밴드에 홍보 글을 올리고 선생님들을 모집했다. 다행히 몇 분의 선생님들께서 참여를 희망하셨고, 새로운 버전의 '온작품읽기' 공동체가 시작되었다.

내가 기댈 수 있었던 것은 전 리더 선생님이 남겨주신 여러 평론집이었다. 솔직히 나는 동화에 대해 잘 알지 못했기에 동화 평론가들이 누가 있는지, 어떤 평론집이 유명한지 무지했다. 그래서 생각해 낸 것이 내가 갖고 있는 평론집들 속의 동화를 다시 선정하여 올해 공동체를 유지하는 것이었다. 다행히 새로 모집된 선생님들은 '온작품읽기'를 한 번도 해보지 않은 분들이고, 같은 평론집 속 동화를 읽는다 해도 지장은 없어 보였다. 다만 이 공동체의 하이라이트인 '동화 작가 섭외'라는 난관이 있었다. 내가 알고 있는 유일한 동화 작가는 교생 실습 때 담임선생님이었는데, 접촉 결과 안타깝게도 이제 절필하시어 동화 작가로서의 강연 등은 하지 않는다는 우울한 소식이었다. 결국 추진되지 못했는데, 이 점이 가장 아쉬운 점으로 남는다.

첫 리더로 공동체를 이끌면서 뿌듯했던 순간도 있었다. 2024년 혁신학교 '공감주간'에 '온작품읽기'를 타 학교 선생님들께 공개하기로 한 것이다. 무학년 학습공농체가 전안차암초등학교에서는 어떻게 운영되는지 궁금하신 여러 학교 선생님들이 참여 신청을 해주셨다. 공개될 다른 프로그램(수업 공개, 연수 등)들과 차별점을 두었는데, '온작품읽기' 공동체는 참관이 아닌 참여를 유도했다는 점이다. 마침 신청하신 선생님들이 많지 않아 그 선생님들에게 일일이 내부 메일을 보냈다.

"이 공동체는 참관이 아닌 참여가 원칙입니다. ○○ 책을 읽을 테니 도서관에 구비되어 있으면 읽어오셔도 좋고, 2~30분 전 미리 오셔서 저희가 제공해 드릴 책을 읽고 참여해 주셔도 좋습니다."

대부분 선생님들이 미리 오셔서 읽거나 읽어오신 선생님들도 계셨다. 꾸밈없이 평소 하던 차례대로 모임을 이어 갔고, 타 학교 선생님들도 즐거운 마음으로 적극적으로 참여해 주셨다. '온작품읽기'의 구성원이었던, 지금은 파견교사로 가 있는 선생님은 공감주간 행사에 '온작품읽기'가 있어서 지체없이 고민없이 신청했다고 하셨다. 감동이다! 공감주간 행사를 하며 타 학교 선생님들의 많은 참여는 못 얻었지만 참여하신 몇몇 선생님들께서 재밌어하시고 뜻깊어 하시는 걸 보니 공개하길 참 잘했다는 생각이 들었다.

어느덧 2025년, 내가 이 공동체를 이끈 지도 2년째다. 여전히 서툴고 어려운 점도 많지만 나름의 방식을 찾아낸 것 같다. '책을 읽어야 한다. 이야기를 꼭 해야 한다.' 같은 강박관념을 벗어나 선생님들이 이 공동체에 참여하는 순간만큼은 많은 업무와 어려움에서 벗어나 잠시라도 힐링하고 가셨으면 하는 바람은 내가 첫 공동체에 발을 들였을 때와 다름없이 여전하다.

학년 학습공동체와 달리 무학년 학습공동체는 의무적이 아니라 자발성을 띤다는 점에서 매력적으로 다가온다. 열려있는 주제와 그에 맞게 구성된 열려있는 구성원들. 그렇다고 해서 '교사'라는 직업과 완전히 동떨어진 주제로 학습공동체를 구성하진 않지만 천안차암초에서 겪은 무학년 학습공동체는 여전히 신선함으로 다가온다. 내년에 다른 학교로 옮겨간 뒤에도 무학년 학습공동체를 구성할 수 있을지는 모르겠지만 할 수 있다면 다시 '온작품읽기'를 맡아 부족하지만 운영해보고 싶다. 성인 도서를 읽고 생각을 나누는 모임들은 많지만, '아동' 문학을 성인이 읽고 '아동'의 속내와 '아동'의 시선을 따라가 생각해 보는 모임이 몇이나 있을까.

14

사계절 속에서 자라는 잎새들의 기록

정지선(교사)

 차암초등학교에서는 학년에 식물의 한살이를 빗대어 독특한 학년 이름을 쓰는데, 1학년은 새싹, 2학년은 잎새라고 부릅니다. 차암에서 보낸 저의 삶은 잎새들과 함께 사계절 속에서 함께 살던 시간과 추억들로 가득합니다. 제가 만난 잎새들은 1년 동안 매일 매일 조금씩 성장하고 쑥쑥 자라 줄기(3학년)에서 꽃잎(4학년)을 피워내고 열매(5학년)를 맺어 다시 씨앗(6학년)을 퍼트리며 성장해 갔습니다.

 차암의 학교생활이 어느덧 5년이 되어갑니다. 2018~2019, 2년 동안 2학년 담임을 했고 출산 후 3년의 휴직 기간 뒤 복직하여 2023~2024, 2년 동안 다시 2학년 담임으로 교육과정을 운영했습니다. 전입 후 줄곧 2학년 담임을 맡게 되어 감사한 시간이었으며, 아홉 살 아이들에 대해 이해가 깊어지고 학년 교육과정과 내용에 익숙해지며 나름의 학년 전문성도 함양할 수 있었습니다. 그동안의 시간을 글로 정리하려 기억을 되짚어보고 기록물과 사진을 들춰보니 4년이라는 시간이 주마등처럼 흘러가는 기분입니다.

 교직 경력 중 2학년을 처음 맡은 해는 2012년인데, 2018년 차암에서 2학년을 다시 맡게 되었을 때는 익숙하던 교과서도 바뀌고 교육과정이 2015 개정 교육과정으로 바뀐 시기였습니다. 국어, 수학과 더불어 바른 생활, 슬기로운 생활, 즐거운 생활 과목이 통합교과로 바뀌며 봄, 여름, 가을, 겨울을 가르치게 되어, 첫해는 저도 새로운 교과서와 교육과정에 적응하고 연구하며 아이들과 함께 배워 갔습니다. 이 시기에 차암에 근무하며 동학년 선생님들과 수업 준비를 함께할 수 있어 교사의 삶 속에서 수업에 대해 고민하는 시간에 집중할 수 있는 가장 교사다운 시간을 보냈다고 생각합니다. 전에는 6학급 규모의 학교에서 근무한 경력이 길어 함께 수업을 준비하는 과정이 낯설었지만, 함께 돕고 연구하는 동학년 선생님들과 학습공동체로서 과목을 나누고 교육자료를 고민하고 개발하며 프로젝트 수업을 꾸려가는 과정은 값지고 알찬 시간들로 가득했습니다.

차암초등학교는 규모가 큰 학교라 4년간 일하는 동안 한 학년에 학급이 적을 때는 9학급, 많은 해는 12학급까지 있었습니다. 동학년 선생님이 많다 보니 동학년 안에서는 서로 어떻게 일을 맡아 어떤 일을 함께 의논해 가면서 학년을 꾸려갈지가 관건이었습니다. 차암에서는 교사 혼자 모든 수업을 준비하는 것이 아니라 교과를 함께 연구하고 자료를 함께 준비하고 수업 경험을 나눌 수 있는 학년 공동체를 강화하여 운영합니다. 수업뿐만 아니라 학년과 학교 행사를 교사들의 자율에 맡기고 학년의 협의를 통해 교사의 의도와 고민이 반영된 행사를 진행할 수 있습니다.

혁신학교로서 느끼는 가장 특별한 근무 경험이라면 바로 이 점을 꼽을 수 있을 것입니다. 물론 다른 학교에서 근무할 때도 동학년끼리 티타임에 수업 이야기나 고민을 나누긴 합니다. 그렇다 할지라도 이런 시간을 학교에서 지원하고, 학습공동체 시스템을 만들고 운영하게끔 하는 것은 교사가 수업 준비에 집중하고 전문성을 키울 수 있게 해주는 특별한 교수 학습 지원이라고 생각합니다. 이런 학습공동체는 월~화 중에는 맡은 과목의 수업을 과목을 담당한 팀끼리 모여 집중적으로 연구하고 자료를 준비하는 것으로 시작합니다. 그리고 매주 목요일에는 학년 회의 및 학습공동체 모임에서 준비한 자료나 수업 경험을 공유하며 다른 선생님들의 노하우를 배우기도 합니다. 특히 고경력 선생님들의 학급 운영 노하우는 어디 가서 돈 주고 배우기도 어려운 값진 조언들이 가득합니다.

저의 경우, 미리 담당 교과 수업을 하여 자료를 써보고 수업 후기를 전하거나 수업에서 발견한 자료의 부족한 점을 이때 함께 의논하며 수정 및 보완하기도 했습니다. 어떤 선생님들은 수업에 필요한 참고 자료나 준비물을 만들어주시기도 했으며, 양말목 공예라든지 지끈 공예 등의 수공예를 학생들에게 가르쳐주기 위해 자율적으로 사전 교사 연수를 해주기도 하셨습니다. 이런 수업은 참고 자료로 활용하는 것이며, 취사선택하여 변형하거나 사용하는 것도 전적으로 각 교사의 자율에 따릅니다. 과목 담당 교사들은 과목에 필요한 학년 공통 운영 학습 준비물을 공동으로 준비하고 한 학급이 쓸 수 있는 양으로 세팅해 놓기도 합니다. 예를 들어 통합교과의 경우 악기연주를 위한 소고나 리듬악기를 세팅하거나, 필요한 도안을 출력하여 준비하며, 수학의 경우 줄자로 길이 재기, 쌓기나무 같은 수업을 할 때 학급 단위의 준비물을 바구니에 담아 이를 함께 돌려쓰는 것입니다. 이렇게 준비된 자료는 시간표를 정해 각 학급이 가져다 쓰기만 하면 될 수 있게 하여 대단히 편리하고, 수업 준비에도 큰 도움이 됩니다.

혁신학교라 하여 딱히 교과서를 자체 제작하여 가르치거나 국가교육과정과 별개의 교육프로그램을 운영하는 것은 아닙니다. 다만 국가교육과정이 요구하는 성취 기준들을 재구성 또는 통합 운영하여 프로젝트 학습을 진행하는 것이 일반 학교 교육과정 운영과 조금 다른 점으로 볼 수 있습니다. 그런 의미에서 2학년에서는 교육과정을 프로젝트 수업으로 재구성하는 가장 큰 방향성을 '통합교과 내용을 프로젝트화하여 사계절의 특성을 살리며 진행하는 것'으로 잡았습니다. 이런 프로젝트 수업은 혁신학교가 일반 공립학교와 달리 담임 교사들이 공문접수 및 보고, 학교행사 진행 같은 업무를 하지 않기 때문에 학년 업무와 교육과정 운영에 더욱 집중할 수 있는 시스템이 마련되어 있기에 가능한 차별점이라고 볼 수 있습니다.

봄 교과의 경우 통합교과의 성취기준과 학습 내용을 '나는야 건강박사'라고 이름 지은 프로젝트로 재구성하여 운영했습니다. 이 프로젝트는 통합교과 내용 중 자기 몸의 부분과 기능을 탐색하는 내용을 중심으로 프로젝트 북을 만들며 학생 스스로 배움을 구성하고 적극적으로 수업에 참여할 기회를 주게끔 교과서를 재구성했습니다. 신체의 탐색은 친구가 널따란 전지(全紙) 위에 누워 포즈를 취하면 친구의 몸을 따라 모둠의 다른 친구들이 선으로 몸의 형태를 그리며 신체의 큰 부분을 살펴보는 것으로 시작합니다. 2학년이 되어서 그런지 모둠 활동에 제법 능숙해 보이는 잎새들은 친구의 익살스러운 포즈에 깔깔 웃으며 몸의 형태를 그려갑니다. 그리고 교과서에 나온 활동들을 비롯하여 눈, 코, 입, 귀, 손, 발 등 사람의 기관과 오감에 대해 집중 탐구하며 간단한 북아트 기법들을 사용하여 프로젝트 북을 만들어 보았습니다.

아이들은 최종적으로 자신의 마음을 살펴보며 자기 감정에 대해 돌아보는 과정으로 프로젝트를 마무리합니다. 아이들은 나만의 프로젝트 북을 만들기 위해 종이를 하나하나 접어보고 자르고 꾸미며 애정을 담아 만들었습니다. 만드는 과정에 책을 들춰볼 때마다 배운 내용을 다시 살펴보기도 하고, 친구들이 만든 책을 함께 보고 배움을 확장하며 대화를 나누기도 했습니다. 학기 말에 만든 책을 집에 가져갈 때까지 어찌나 소중히 여기던지, 엄마 아빠 보여드리고 싶어 빨리 가져가고 싶다며 조르던 아이들의 목소리가 귀에 선합니다.

'나는야 건강박사' 이후에는 '나는야 곤충박사'라는 이름으로 시리즈처럼 연결되는 이름의 프로젝트를 진행하며 여름 교과를 곤충이라는 테마를 중심으로 재구성했습니다. 그리고 건강박사 책과 다르게 병

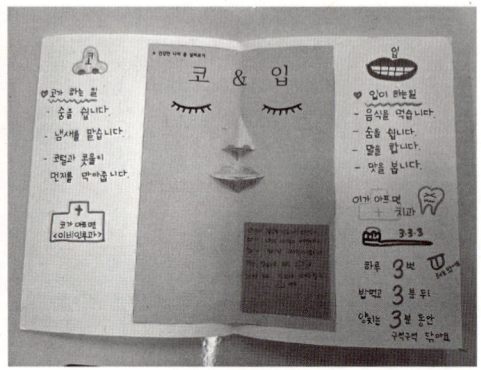

풍책을 만들어 보며 프로젝트 북을 만들었습니다. 나는야 곤충박사 프로젝트는 여름책의 교과서 내용과 연계하여 곤충 서식지를 기준 삼아 분류해 보며 프로젝트를 시작하는데, 물에 사는 곤충들의 종류와 특징을 살피고, 숲이나 나무에 사는 곤충, 땅속에서 볼 수 있는 매미 유충 등 곤충에 대한 정보를 책으로 만들면서 정리하는 과정을 통해 지식을 구조화합니다. 배경 지식을 갖추고 확장하기 위해 곤충 테마 책도 읽어보고, 아산 환경과학공원 생태곤충원에 현장체험학습을 다녀오며 곤충을 만나고 관찰해보기도 했고, 사슴벌레를 키워보며 나는야 곤충박사 프로젝트를 운영했습니다.

현장체험학습은 무엇보다 시기를 신경 써서 진행했는데, 학기 초 프로젝트 기획 당시부터 반딧불이 특별전시에 일정을 맞춰 예약하고 생태곤충원 일정과 프로젝트 시기를 맞춰 진행하는 것이 참 어려웠습니다. 그래도 시기를 맞춰 진행한 덕분에 도시에 사는 아이들은 교과서에서만 보던 다양한 곤충과 더불어 반딧불이 체험도 성공적으로 할 수 있었습니다. 반딧불이가 어둠 속에 별을 뿌려놓은 것처럼 반짝반짝거리며 날아다니는 장면은 아이들에게도, 인솔 교사들에게도 큰 감동을 주는 선물이었습니다. 이렇게 두 가지 프로젝트를 마무리한 뒤, 아이들은 프로젝트 책 두 권을 들고 학사모를 쓰고 사진을 찍고서 박사증을 받으며 1학기를 마무리합니다.

2학년 2학기 프로젝트는 가을에는 '우리 마을 탐험대' 프로젝트를, 겨울에는 '지구 마을 탐험대' 프로젝트를 진행했습니다. 교과 이름은 가을과 겨울이지만 내용은 슬기로운 생활과 바른생활, 즐거운 생활의 통합교과입니다. 계절 변화를 느끼며 탐색하는 학습 내용도 있지만, 삶이 이뤄지는 공간에 대한 탐색을 주로 합니다. 그래서 가을 교과에서는 아이들이 사는 동네를 중심으로 우리 마을을 탐색하고, 겨울 교과로 나아가면 지구 전체, 세계로 공간이 확장되는 구성입니다. 그래서 학년 프로젝트 또한 공간 확장을 기본 골조로 우리 마을을 탐험하고 나아가 지구 마을을 탐험하는 프로젝트로 명명하게 되었습니다.

우리 마을 탐험대의 경우 아이들이 사는 마을, 동네를 탐험하는 것으로 시작합니다. 그런데 교사들 중 이 동네에 거주하는 교사는 없거나 소수이기에 마을에 대해 아는 것이 없어서 지도하기가 어려웠습니다. 그래서 통합교과팀에서는 동네 지도를 크게 플로터로 출력하여 함께 수업을 진행할 교육자료를 만들어 나눠주고, 작년에 2학년 선생님들이 만들어 놓은 자료들을 보며 교사들이 먼저 학교 주변과 차암동 일대를 돌아다니며 파악했습니다.

우리 마을 탐험대 프로젝트는 마을 주제 교육활동이어서, 지역 주민들의 도움이 필요한 부분이 많았습니다. 지역 주민 중 많은 분이 차암초등학교에 다니는 아이가 있거나, 학생들과 자주 만나는 분들이 많다 보니 이분들이 아이들의 교육활동을 많이 도와주셨습니다. 빵집 사장님, 병원 간호사 선생님, 학교 앞 문방구 주인아저씨, 아파트 관리사무소 직원분들까지 아이들이 찾아와 조사 활동을 할 때 진지하게 인터뷰에 응해주시며 하는 일을 소개해 주시기도 했습니다. 처음에는 쭈뼛쭈뼛하던 아이들도 직접 부딪치며 인터뷰도 해보고 미션 수행을 하며 조사 활동을 했는데, 생각보다 다양한 마을 사람들의 이야기를 듣게 되어 즐거운 시간이었습니다.

동네 탐험대 활동을 위해 아이들을 인솔하여 골목골목을 돌아다니며 동네를 파악하고, 함께 동네를 산책하고, 거리에 떨어진 쓰레기를 주우며 마을 청소를 한 일들이 새록새록 생각납니다. 다른 프로젝트와 달리 마을탐험대 프로젝트는 프로젝트 북을 만들지 않았지만, 우리 마을을 알아보고 우리 마을을 위해 할 수 있는 일을 실천해보며 사회를 만나는 가운데 교과서의 지식들이 아이들의 삶으로 스며드는 시간이었습니다.

　　차암의 2학년 잎새들은 계절의 변화 속에서 쑥쑥 자라났습니다. 프로젝트를 비롯하여 학교에서는 다양한 교육활동을 만들어 갔습니다. 봄에는 벚꽃을 보며 산책하고, 여름에는 수박 화채도 만들고, 가을엔 학교 텃밭을 활용해 무나 고구마를 가꾸고, 겨울 즈음 수확하여 무생채를 담아 고구마를 수확한 학년이 나눠준 고구마도 같이 구워서 무생채도 만들어 먹으며 즐거운 추억을 쌓기도 했습니다. 차암초등학교 옆에는 작은 근린공원이 있는데, 날씨가 좋은 계절에는 공원에서 뛰노는 아이들을 볼 수 있습니다. 이 근린공원을 통해 아이들은 자연 속에서 뛰놀며 계절의 변화를 느끼고, 나무와 이파리들을 관찰하며 숲 탐방, 숲 체험, 숲 밧줄 놀이 등을 하며 가을을 만끽합니다. 작은 도시락통과 물을 갖고 나가 소풍을 즐기기도 했습니다. 가을뿐만 아니라 날씨가 좋은 봄에도 함께 산책하며 봄꽃을 관찰하거나 생태환경 프로젝트를 진행하던 시기에는 EM 흙공을 만들어 작은 하천의 물을 정화할 수 있게 하기도 했습니다.

　　통합교과 겨울을 진행하는 2학기 후반에는 마을에서 세계로 공간

새싹에서 씨앗으로 자라나는 차암 좋은 혁신학교

범위가 확장됩니다. 지구 마을 탐험대 프로젝트로 운영하며 아이들이 세계 각지의 인사, 놀이, 의식주, 문화, 노래 등 다양한 분야에 대해 지구마을 탐험대 책을 만들어 정리하기도 하고, 다양한 체험 활동을 하기도 했습니다. 천안시 다문화 가정 지원센터와 협력하여 다문화 강사들을 초청하여 수업하거나 아이들을 데리고 센터에 가서 체험하는 활동을 하기도 했습니다.

특히 기억에 남는 해는 6학년과 함께한 프로젝트입니다. 학교 규모가 크다 보니 다른 학년과 협업하기 쉽지 않은 일이었는데, 6학년도 교육과정과 연계한 문화 존중의 날을 운영하며 세계의 놀이 체험을 준비해 주었습니다. 각 반이 하나의 대륙을 맡아서 그 대륙에 있는 나라의 문화와 놀이를 소개하고 체험하는 프로그램이었습니다. 2학년 친구들은 모둠으로 나눠 체험 순서를 정한 후 부스별로 6학년이 준비한 다양한 놀이를 체험했습니다. 일본의 겐다마, 태국의 코코넛 밟고 달리기, 세계상식퀴즈 등 6학년 친구들이 알차게 준비한 프로그램이 가득했습니다. 시간은 한정되어 있는데 아이들이 더 오래 더 많은 나라의 체험 부스를 가고 싶어 선생님들을 엄청나게 조르던 기억이 납니다.

2024년은 2022년 개정 교육과정에 따라 나, 자연, 마을. 세계, 계절, 인물, 물건, 기억 등 1~2학년 교과서 체계의 큰 틀이 바뀐 해입니다. 통합교과의 봄, 여름, 가을, 겨울이 사라지고 새롭게 생긴 교과서 내용으로 교사들은 다시 교육과정과 프로젝트를 준비했습니다. 개인 사정이지만 복직 후 업무와 학급 운영이 막막한 시기에 교육과정까지 바뀌어 큰 혼란을 겪었습니다. 그러나 12명의 든든한 동학년 선생님들과 함께했기에 새로운 교육과정 운영도 큰 어려움 없이 함께 도와가며 해냈

습니다. 새로운 교과서와 새로운 교육과정으로 처음부터 다시 세워야 하는 프로젝트들도 서로 도우며 만들어 갔습니다.

차암의 아이들은 학교라는 텃밭에서 6년 동안 새싹을 틔우고 푸른 잎새로 자라나, 배움의 줄기를 곧게 뻗으며 꽃 피우고 열매 맺어 다시 씨앗을 퍼뜨리는 과정을 통해 성장합니다. 저 역시 교사로서 아이들과 여러 해를 살아가며 끊임없이 배우고 성장하고 있습니다. 학교는 배움의 공간이며, 교육은 학교의 본질이자 존재 이유라 할 수 있습니다. 교사는 그 본질을 지켜가기 위해 시대의 변화를 읽고 전문성을 키워야 하며, 변화하는 교육과정과 지침에 발맞추어 수업 연구에 끊임없이 힘써야 합니다.

하지만 현실의 학교 현장은 교사가 수업 준비에 매진하기 쉽지 않은 환경입니다. 잦은 지침 변경, 촉박하게 요구되는 행정 보고와 방대한 통계 자료, 많은 행사와 법정 의무 연수들, 다양한 학급 민원과 갈등 중재, 학년·학급 운영까지 교사가 감당해야 할 일은 매해 늘어만 갑니다. 그럼에도 차암에는 이런 무게를 함께 나누고 고민하는 든든한 공동체가 있습니다. 그 덕분에 담임 교사들은 학급과 아이들에 더욱 집중할 수 있는 환경에서 교육 활동을 이어갈 수 있습니다. 차암에서 담임 교사로 일하는 동안 이런 공동체의 일원으로 함께할 수 있어 감사한 시간이었습니다. 차암에서의 하루하루가 아이들과 함께 성장하는 소중한 여정이 되기를 바랍니다.

15

그날, 아이들의 손을 놓지 않기 위해

이정림(교사)

2019년 1월, 겨울방학을 며칠 앞둔 평온한 아침이었다. 선생님들과 아이들은 각자 교실과 자리에서 하루를 시작하고 있었다. 나는 1학년 새싹 아이들과 교실에서 수업 중이었다. 언제나처럼 밝고 분주한 오전 시간.

갑자기 화재 경보음이 울렸다. 처음에는 소리가 크지 않았고, 평소처럼 이루어지는 화재 대피 훈련쯤으로 여겼다. 하지만 곧 교내 방송이 흘러나왔다. 평소와 다른, 교감선생님의 다급하면서도 또렷한 음성이 울려 퍼졌다.

"여러분, 불이 났습니다. 대피해 주시기 바랍니다. 훈련이 아닙니다. 실제 상황입니다."

교감선생님은 화재 발생 장소와 가까운 교무실에 계셨다. 이미 연기가 밀려드는 상황에서도 마이크 앞에 서서 방송을 이어가셨다. 그 순간, 얼마나 무서우셨을까. 그 목소리엔 단호함과 떨림 그리고 울먹임이 담겨 있었다.

방송이 나가자 학교 전체가 급박하게 움직이기 시작했다. 하지만 혹시라도 방송이 닿지 않은 교실이 있을까 염려되어, 행정실 직원 몇 분이 각 층을 뛰어다니며 "불이 났습니다! 지금 바로 대피하세요!"라고 소리치며 교실 문을 두드렸다. 모두의 안전을 위해 목소리를 높이며 계단을 오르내리던 그분들의 모습이 지금도 뚜렷하다.

나는 우리 반 새싹 아이들과 교실에 있었다. 아이들은 화재 상황을 겪어본 적이 없어서인지, 방송을 듣고도 훈련이라 생각하는 듯했다. 나역시 두려움과 놀람을 애써 감추며 떨리는 마음을 숨긴 채 말했다.

"얘들아, 불이 나서 우리 대피해야 해. 늘 하던 대로 천천히 내려가지. 절대 뛰지 말고, 선생님이 맨 뒤에서 따라갈게."

그러고는 아이들과 계단을 내려갔다. 뒤에서는 '펑, 펑' 무언가 터지는 소리가 들려왔고, 매캐한 연기가 스멀스멀 올라왔다. 다리가 후들거렸지만, 아이들의 얼굴을 보며 결코 무너질 수 없었다. 큰 폭발음에 놀라 뛰려는 아이들이 있을까 봐, 계속 아이들에게 큰 소리로 말을 걸며 내려갔다.

계단까지 내려갔을 때, 3·4층에서 내려오던 아이들과 합류하면서 흐름이 조금 느려졌지만, 누구 하나 비명을 지르거나 소란을 피우지 않았다. 아이들은 차분하고 침착하게 움직였다.

건물 밖으로 빠져나올 즈음, 여러 차례 폭발음이 들렸고 공포는 극에 달했다. 가까스로 밖으로 나오니, 불이 난 곳과 인접한 교실에 있던 아이들 대부분은 외투도 걸치지 못한 채, 가방도 챙기지 못한 채 대피해 있었다.

우리를 따뜻하게 맞아준 것은 학교와 붙어 있던 아파트 주민분들이었다. 그분들은 서둘러 아파트 도서관 등 커뮤니티 센터를 임시 대피소로 열어주셨고, 아이들에게 담요를 덮어주고 핫팩을 건네주셨다. 우리는 서로의 온기를 나누며, '무사함' 하나만으로 가슴을 쓸어내릴 수 있었다.

선생님들은 아이들을 바라보며 안도의 눈물을 흘렸다. 누군가는 "정말 다행이야…"라며 울먹였고, 누군가는 아이를 꼭 안고 한참을 말 없이 있었다. 모두가 울고 웃었다.

불이 진화된 뒤, 교사들은 화재가 번지지 않은 뒷채 건물의 병설유치원 도서관에 모여 차후 방안을 논의했다. 그 안에서도 모두가 서로를 걱정하며 "아이들이 아무도 다치지 않아 정말 다행이다"라며 서로를 위로했다.

나중에 들은 이야기로는, 한 사회복무요원이 뿌리반 학생을 품에 안고 계단을 달려 내려왔다고 했고, 또 한편에서는 본교 윈드오케스트라 담당 선생님이 음악실로 달려가 아이들이 사용하던 악기들을 하나라도 더 살리려고 최대한 많은 악기를 밖으로 끌어내셨다고도 했다.

며칠 후, 불이 완전히 진화된 뒤에야 우리는 학교 건물로 들어갈 수 있었다. 우리 반 교실은 까만 화재 분진만 가득했지만, 화재가 발생한 신축동과 연결된 가까운 교실들에서는 스프링클러가 분사한 물과 화재 분진이 뒤엉켜 있고, 책상과 의자, 교구들은 물에 젖어 그을음으로 까맣게 변해 있었다. 아이들이 놓고 간 가방과 외투도 다시 사용할 수 없는 상태였다.

학부모님들이 가방을 찾으러 오셨다가 교실을 보고 눈물을 터뜨리셨다는 이야기도 들었다. "정말 내 아이를 잃을 수도 있었겠구나…"라는 말이 절로 나왔다고 한다.

화재 후 며칠 동안, 일부 선생님들은 밤잠을 이루지 못해 청심환을 복용하며 겨우 잠을 청해야 했고, 트라우마로 힘들어하는 학생들과 교직원들을 위해 교육청과 교육부에서 심리 치료를 위한 전문 지원을 해주기도 했다.

돌이켜보면 참혹한 사건이었다. 하지만 동시에, 차암초라는 학교 공동체가 얼마나 단단하고 따뜻한지를 보여준 순간이기도 했다. 위험을 무릅쓰고 방송을 이어간 교감선생님, 아이들을 향한 사랑으로 몸을 던진 교직원들, 두려움 속에서도 선생님 손을 꼭 붙잡고 대피하던 아이들, 그리고 따뜻한 연대로 우리를 감싸준 지역사회까지. 모두가 함께 만들어 낸 기적이다.

그날을 평생 잊지 못할 것이다. 두려움 속에서도 우리는 시로를 놓지 않았다. 아이들의 손을, 동료의 손을, 그리고 마음 깊은 곳에서 꺼낸, 작지만 단단한 믿음을.

16

'학구'를 넘어 '마을'로
—공동체를 지향하는 천안차암초등학교

이재은(교사)

    '아이 한 명을 키우려면 온 마을이 필요하다.'라는 말이 있습니다. 언뜻 보기에 아이는 부모 혼자서만 잘 키우면 될 것 같지만, 사실 그렇지 않습니다. 우리가 자랄 때 얼마나 많은 주변 어른들이 우리를 가르쳤는지 생각해 보면 그렇습니다. 쩝쩝 소리 내며 밥 먹는다고 친척 어른께 혼나 본 적이 있나요? 친구와 위험한 장난을 치다가 동네 할아버지께 혼나 본 경험은요? 저는 어렸을 적 물건을 살 때 쓸데없이 비닐봉지를 달라고 했다가 슈퍼 아주머니께 핀잔을 들어본 뒤로 비닐봉지를 낭비하지 않습니다. 이것을 부모님으로부터 배운 것이 아니듯이, 우리는 부모가 미처 가르쳐주지 못한 것들을 세상에서, 다른 어른들에게서 배웁니다. 이것이 한 아이를 어엿한 사회 구성원으로 키워내기 위해 온 사회가 한마음으로 함께해야 하는 까닭입니다.

하지만 지금 우리 사회가, 우리 '마을'이 우리가 어렸을 때만큼 결속력 있는 공동체로 잘 작동하고 있나 생각해 보면 그렇지 않습니다. 주거 환경이 크게 변하고 사회 전체적으로 개인주의가 심화함에 따라 공동체는 약해졌습니다. 1990년대만 해도 부모님의 퇴근이 늦어지면 아무렇지 않게 옆집에 가서 옆집 아주머니가 주시는 간식을 먹으며 부모님을 기다리기도 했습니다. 마을이 아이를 함께 돌보던 것입니다. 그러나 현재 우리는 옆집에 어떤 사람들이 사는지 알지 못하고, 옆집에 사는 아이가 어떤 아이인지 알지 못합니다. 동네 아이가 잘못했을 때 "그러면 안 돼."라고 하기보다는 못 본 척 지나치는 게 편합니다.

이처럼 '마을'의 힘이 약해짐에 따라 청소년들을 둘러싸고 많은 문제가 나타났습니다. 사람들 간의 결속이 약해짐에 따라 행복하지 않은 젊은이들이 늘어났고, 이는 크고 작은 여러 문제를 낳고 있습니다. 자살(고의적 자해)은 2011년부터 13년째 청소년 사망 원인의 1위를 차지한다고 합니다.(세계일보, "청소년 사망 원인 1위 13년째 자살," 이지민 기자, 2025.5.27. https://www.segye.com/newsView/20250527505317?utm_source=chatgpt.com) '캥거루족'이라는 신소어가 나타내듯이 구직 활동을 하지 않고 쉬고 있는 15~29세 청년층이 2023년 49만 7천 명에 이르렀다고 합니다.(연합뉴스, "청년 50만 명, 구직도 취준도 않고 그냥 쉬었다…역대 최대," 2024-03-20, https://www.fnnews.com/news/202303200605541729?utm_source=chatgpt.com) 사회적 자본 이론에 따르면 사회적 자본이 높아질수록, 즉 개인과 집단 간 신뢰와 네트워크가 잘 형성되어 있을수록 범죄 감소, 정신 건강 증진 등의 긍정적인 변화가 일어난다고 합니다. 공동체 결속력이 강한 환경에서 사람은 정서적 지지를 더 많이 받게 되고, 이는 사람들의 우울과 불안을 낮춰줍니다. 한 마디로 온 마을이 아이에게 관심을 갖고 함께 키울 때 아이들은 잘 자랄 수 있는 것입니다.

온 마을이 아이를 함께 키우는 모델에 대한 희망을 천안차암초등학교에 와서 보게 되었습니다. 2025년도 기준, 특수학급을 포함해 59학급에 이르는 학교입니다. 주변엔 공단이 있으며 대단지 아파트 몇 군데를 학구로 둔, 꽤 규모가 큰 학교입니다. 2025년 차암초등학교로 와서 근무하게 되며 놀란 점은, 아이들이 인사를 참 잘한다는 것입니다. 큰 학교에는 선생님들도 많습니다. 그래서 아이들이 지나다니면서 만나는 선생님들은 대부분 자신이 모르는 선생님이기에 아이들은 인사를 잘 하지 않습니다. 그런데 차암초등학교에서는 지나가는 아이들이 너도나도 "안녕하세요!"라고 인사를 하는 통에 "안녕", "어, 그래." 등의 대답을 복도를 걸어가는 짧은 시간 동안 수없이 해야 합니다. 또 하나 예상과 달랐던 점은, 아이들이 어른을 좋아하고 잘 따르면서도 어른을 무서워할 줄 알고, 어른을 거스르려 하지 않는다는 것입니다. 내가 잘못했다면 언제나 나를 혼내며 타이를 수 있는 권위의 주체로 어른을 자연스럽게 받아이는 것입니다. 차암초에 오랫동안 근무하신 동료 선생님이 "여기 애들은 도시 애들의 장점과 시골 애들의 장점을 다 지닌 애들이야."라고 말씀해주셨습니다. 그 말에 동의하지 않을 수 없었습니다. 차암초 아이들은 어떻게 '도시 애들'이면서도 '시골 애들'의 장점을 지닐 수 있을까요? 그것은 학교 자체가 하나의 '마을'로 기능하고 있기 때문이라는 것을, 1년간 근무해본 뒤에 알 수 있었습니다. 과거에 시골 마을이 그랬듯이 온 마을이 아이들을 키우고 있기 때문입니다. 차암초등학교를 훌륭한 '마을'로 만드는 요소에는 여러 가지가 있지만, 제가 보고 겪은 일을 적어보려 합니다.

함께 결정한다. 교사-학부모 연석회의

학교의 중요한 일을 결정할 때 대개 학교에서는 어떻게 할까요? 담당 교사가 교장, 교감 선생님들을 찾아가 의견을 여쭙고 그 결정에 따릅니다. 물론 요즘은 학부모 설문 조사를 하기도 하고, 평교사들의 건의로 결정이 이루어질 때도 있습니다. 그러나 기본적으로 교직원들이 조직 논리에 따라 학교의 주요한 의사결정을 한다는 데는 변함이 없습니다. 차암초등학교에서는 또 다른 교육 주체가 의사결정 과정을 주도합니다. 바로 학부모입니다.

'교사-학부모 연석회의'라는 말을 처음 들었을 때, 교직 생활을 하며 어디서도 들어본 적이 없는 회의이기에 당황했습니다. 이 회의는 천안차암초에서 가장 중요한 행사의 하나입니다. 학년도가 시작하는 4월, 2학기를 준비하는 7월, 1년을 마무리하는 11월, 이렇게 연 세 번 회의를 합니다. 이 회의는 시작부터 범상치 않습니다. 어떤 내용을 논의하고 결정하면 좋을지 안건을 학부모가 제출합니다. '교실이 너무 더워요.', '정문 앞 사거리에 대각선 횡단보도를 설치해주세요.' 같은 넋순 건의 사항이나 우리가 해결할 수 없는 내용들이 안건으로 올라오기도 합니다. 하지만 이 과정에서 학부모나 학생들이 겪는 크고 작은 불편이 무엇인지 알게 되기도 하고, 그것이 해결할 수 있는 불편이라면 사고가 발생하기 전에 해결하기도 합니다. 이렇게 제출된 안건 중 논의가 필요한 안건을 업무전담팀 회의에서 추려 교사-학부모 연석회의에 회부합니다.

차암초 교사들이 가장 힘들어하는 날이 바로 '교사-학부모 연석회의' 당일입니다. 좋은 결론이 나올 때까지 회의가 몇 시간이고 계속되기 때문입니다. 학급마다 학부모 대표를 1명씩 뽑자는 안건에 대해 회의를 할 때였습니다. 뽑을지 말지 둘 중 하나를 선택하면 되므로 단순해 보이지만 회의는 밤 9시까지 계속되었습니다. 그것이 필요한 이유가 무엇인지, 꼭 필요한지, 장단점은 무엇인지에 대해 다양한 입장이 오갔습니다. 학부모들은 여러 가지 가능성을 고려하며 자기 입장을 이야기했고, 반대 의견이 있으면 이를 설명하기도 하고 또 반대 의견을 제시하기도 했습니다. 이렇게 몇 시간 동안 토론이 이어진 결과, 모두가 동의한 결론은 '학급 대표에 대한 찬반 여부는 학부모-교사 회의에서 다룰 것이 아니다.'였습니다. 학부모회 조직에 관한 문제는 학부모회에서 논의될 문제지 교사와 학부모가 함께 결정하는 이 회의에서 관여할 문제가 아니라는 것이었습니다.

어떻게 보면 참 허무한 결론입니다. 몇 시간 동안 토론한 결과가 '여기서 토론할 문제가 아니다.'라니요. 그러나 서로의 입장을 충분히 나눈 결과로 모두가 납득할 만한 결론에 이르렀다는 점이 의미가 있습니다. 이 지난한 과정이 없었다면 찬성으로 결정난들, 반대로 결정난들 받아들이지 못하는 구성원이 많았을 것입니다. 치열하게 다투는 과정이 오히려 구성원들을 통합하도록 도운 것입니다.

또한 교사-학부모 연석회의에 참여한 학부모들의 표정에는 불만이나 몰이해의 표정보다는 뿌듯함이 서려 있었습니다. 학교의 중요한 결정에 직접 참여한다는 뿌듯함입니다. 우리 아이가 다니는 학교에서 우리 아이가 겪을 일들을 내가 직접 해결한다는 뿌듯함입니다. 이 효능감은 학부모들의 참여로 이어지기도 합니다. 학부모들은 이런 효능감을 바탕으로 뒤에 언급할 녹색어머니회, 마을교사 등 학교 일에 적극적으로 참여하게 됩니다.

그뿐만 아닙니다. 학부모들은 이 회의에 참여함으로써 학교에서 이루어지는 의사결정에 얼마나 복잡한 문제가 얽혀있는지, 어떤 결정이 이루어지기까지 얼마나 많은 고민이 있었는지를 누구보다 잘 이해하게 됩니다. 직접 해봤기 때문이지요. 작은 일 하나를 결정함에도 여러 집단의 입장을 고려해야 합니다. 또 상황, 장소, 안전, 학생들의 특성, 인적·물적 여건 등 고려할 요소가 너무도 많습니다. 학부모들은 의사결정을 해봤기에 이것이 쉽지 않다는 것을 잘 알게 됩니다. 그래서 학교에서 어떤 결정을 내려 안내했을 때 '그렇게 결정할 수밖에 없는 이유가 있었겠거니.' 하고 받아들입니다. 교사의 실수에도 너그러울 수 있습니다. 여러 가지를 고려하다 보면 뭔가 빠뜨릴 수도 있다는 걸 알기 때문입니다. 한번 내린 결정을 바꾸는 것 또한 쉽지 않다는 것도 누구보다 잘 알게 됩니다. '교사-학부모 연석회의'를 통해 학부모는 자신을 '교육'이라는 서비스의 객체가 아니라 당당한 교육 주체로 인식하게 되며, 이것이 오히려 너그러운 학교 분위기를 만듭니다.

이처럼 천안차암초등학교에서는 선생님만 교육활동을 하는 것이 아니라 온 마을이 하나 되어 아이들에 대한 일을 함께합니다. 학교를 둘러싼 아파트 단지들이 단순한 '학구'가 아니라 '마을'이 되는 것입니다. 남의 일이라고, 남의 아이라고 생각지 않고 서로에게 관심을 가지고 함께 키우는 문화가 그렇게 만든 것입니다. 현관문만 닫으면 타인과 철저히 단절되는 아파트 단지들이 학교를 중심으로 마을이 될 수 있다면 어떨까요? 아이들은 더 많은 관심과 보호, 가르침을 받고 몸과 마음이 건강한 어른으로 성장할 수 있을 것입니다. 이 같은 변화는 공동체가 무너져 가는 우리 사회에 천안차암초등학교가 보여주는 희망에서 시작될 것입니다.

혁신학교와 학교도서관
—우리 학교 사서교사로 보낸 시간을 돌아보며

고동욱(사서교사)

'혁신(革新, Innovation)'이란 단어를 찬찬히 뜯어보면, 몇 가지 흥미로운 점이 눈에 띈다. '革'(가죽 혁)은 가죽을 의미한다. 그런데 짐승의 살갗 자체는 '皮'(가죽 피)라 하고, 이와 달리 다듬고 무두질하여 사람이 쓸 수 있게 만든 것만을 비로소 '革'이라 부른다.

따라서 '혁신'이란 말은, 이것을 덮어쓰고 살아가던 생물을 위해 기능하던 가죽에 무두질이라는 행위를 가해 사람에게 쓸모 있게 새로이 만들듯, 기존 것을 뜯어고쳐 근본적으로 새로운 변화를 가져온다는 의미로 해석할 수 있다.

영어 단어 '이노베이션(Innovation)'의 경우에는 가죽과 무관하다. 라틴어 '이노바레(Innovare)'에서 유래한 것인데, 'in'은 '~안에'라는 뜻의 접두사이고, 'novare'는 '새롭게 하다'라는 뜻인 '노부스(novus)'의 파생형이다. '안쪽부터 새롭게 하는 것'이라는 의미를 담고 있다고 할 수 있다. 그리고 이는 표면만 바뀌는 것이 아니라 내면에서부터 새로워짐을 뜻한다.

모두 근본적인 변화를 일컫는 것은 매한가지이나, 혁신은 그것을 일으킨 행위의 중요성이 더 강조되며, 이노베이션은 변화의 원인의 내부성을 더욱 강조한다고 볼 수 있다. 그러므로 누군가 내게 혁신학교라는 것이 무엇이라 생각하냐고 묻는다면 나는 '학교에 속한 사람들로부터 시작되어 근원적으로 변화되어 가는 학교'라 말하고 싶다.

2022년 처음 이 학교로 왔을 때, 차암초등학교 도서관의 첫인상은 '보기 좋고 정돈되어 있다'는 것이었다. 그러나 2015년 개교한 이래 사서교사가 없던 곳이라 도서관의 주요 자원과 기물은 무엇이 어디에 얼마나 있는지, 그간 해놓은 일과 하지 않은 일은 무엇이며 당장 신경 써야 할 현안은 어떤 것인지 파악하는 데만도 엄청난 노력을 쏟아야 했다. 필요하지만 없는 것은 만들어야 하고 쓸모없지만 존재하는 것은 없애야 하건만, 혁신학교 사서교사가 무엇을 해야 하는지는 아무도 알려주지 못했다. 잘 정돈된 겉모습과 달리 내부인으로서 겪은 혁신학교에서의 시작은 무척 혼란스러웠던 셈이다.

그간 하루 3시간만 운영되던 도서관에 처음으로 도서관 운영을 전담하는 사람이 생겨났으니 즉시 도서관 이용을 정상화해 달라고 하는 학급도 있었고, 내가 없던 시절 결정된 일이 갑작스레 바뀌어 전후 사정도 제대로 모르는 채 뒷수습을 해야 할 일도 있었으며, 내가 없는 자리에서 도서관과 관련된 일이 결정되어 아무런 소통 없이 나중에, 그리고 갑자기 닥쳐오는 경우도 부지기수였다. 결국 '내부로부터의 손길에서 시작되는 근원적인 변화'를 만들기 위해 가장 먼저 해야 했던 것은, 없던 자리에 새로 생긴 존재로서 스스로 나의 자리를 만드는 일이었다.

또 다른 커다란 변화 역시 예기치 않은 시점에 갑작스레 찾아왔다. 코로나 사태에 대한 스탠스가 이른바 '엔데믹'으로 바뀌었기 때문이다. '정상적인 도서관 운영'이라는 일차적인 목표가 생겨난 셈이지만 막막하기 그지없었다. 보이는 것 하나 없는 황량한 벌판에 홀로 떨어진 것처럼, 어디서부터 어떻게 시작해야 할지 알 수 없는 상태였다.

하지만 참고할 전례가 없다는 점에도 장점이 있었다. 시작부터 내가 만들 수 있다는 것이다. 내가 딛는 발걸음이 그대로 길이 된다는 부담감이나 새로운 환경에 적응하는 스트레스보다, 시작부터 원하는 그림을 그릴 수 있게 된 데서 오는 고양감이 조금 더 컸기에 이곳에서의 학교도서관 혁신을 시작할 수 있었다.

그리고 어떤 변화를 시도할지 고민하기에 앞서, 이 도서관을 어떤 공간으로 만들지를 생각해 보기로 했다. 그 생각은, 사서교사로서 내가 무엇을 배워왔으며 어떤 역할을 해야 하는지를 되짚는 데서부터 시작되었다.

도서관을 진로 삼아 공부하는 대학생들이 가장 먼저 배우는 것 중

하나는 S. R. 랑가나단 박사의 '도서관학 5법칙'이다. 책을 중심으로 도서관의 본질을 다섯 가지 원리로 정리한 이 법칙은, 단순한 운영지침이나 형이상학적인 방향성이 아니라, 도서관을 살아 숨 쉬는 공간으로 바라보는 관점 그 자체다.

그중 제일 첫 번째 법칙은 **'책은 사용되기 위해 존재한다.'**라는 것이다. 이곳 도서관에 처음 들어섰을 때 느낀 '정돈되어 있음'은 '정지되어 있음'과도 같았다. 아무리 분류표에 맞게 가지런히 꽂혀 공들여 정리되어 있을지라도, 누구의 손도 타지 않은 책은 쓰임새를 잃고 벽장에 들어간 장식과 다를 바 없다. 쌓여 있기만 한 지식과 정보는 활용되지 못한 채 의미없이 흘러가 버리는 것이다.

이 제일법칙은 내게 도서관이란 보관을 위한 장소가 아니라 이용을 위한 공간임을 상기시켰다. 도서관 운영의 본령은 책을 꺼내 쓰게 하는 일이다. 학생들을 불러들이기 위해 행사를 기획하고 전시를 하고, 쭈뼛대며 찾아온 아이들에게 먼저 말을 걸고 이름을 기억해 주려 애썼으며, 누가 어떤 책을 좋아하는지 계속 관찰하고 질문하려 노력했다. 그렇게 도서관의 책들은 하나둘씩 제 자리를 떠나 자신의 독자를 찾아가기 시작했다.

두 번째 법칙은 **'책은 모두를 위해 존재한다.'**라는 것이다. 학교도서관들의 이용 양태를 살펴보면, 학생들의 연령이 올라갈수록 책 읽는 빈도가 줄어든다. 어른들이 보여주고 알려주는 것에 한정되어 있던 아이들의 시각이 넓어지면서 책 외의 다른 것에 더 큰 관심을 갖게 되어서일 수도 있고, 해야 할 일이 점점 늘어나기 때문일 수도 있으며, 도서관과 책에 대한 경험이 없거나 부족해서일 수도 있다.

나는 특히 세 번째 가능성에 집중했는데, 내가 관찰한 바로는 학생들이 도서관에 올 일이 많지 않고 학급마다 할애된 시간이 제한되어 있어 자신이 원하는 책이 있는지, 도서관에 어떤 책들이 있는지 충분히 둘러볼 시간이 없었으며, 책을 빌리러 오더라도 좋아하는 책을 골라 읽는 것이 아니라 담임선생님들이 정해주시는 이른바 '바람직한' 책만 줄지어 빌려가는 경우가 많았기 때문이다.

책 읽는 즐거움을 먼저 느낄 수 있어야만 독서의 유익함과 필요성을 아이들에게 설득할 수 있을 것이고, 자라나서도 스스로 책을 찾아 읽는 사람이 될 수 있을 터다. 가치 있는 독서와 즐거운 독서를 호소력 있게 양립시키기 위해, 그리고 독서가 '해야 할 일'이 아닌 '하고 싶은 일'의 영역에 들어가도록, 먼저 학생들이 원하는 책을 우선적으로 들여놓기로 했다.

'모든 책은 그것을 필요로 하는 독자가 있다'라는 것이 도서관학의 세 번째 법칙이다. 아이들이 각기 다른 관심사와 속도로 책을 만나는 모습을 지켜보면서, 책을 '관리'하는 사람이 아니라 '연결하는' 사람이 되어야 함을 깨달았다.

그리고 그것은 찾아온 아이들에게 책을 권하는 차원을 넘어서, 수업을 통해 학생들이 스스로 탐구하고 사유하는 힘을 기를 수 있도록 돕는 방식으로 실현되었다. 예를 들면, 학교도서관을 처음 겪는 1학년 아이들에게는 도서관 이용 교육을, 2학년 대상으로는 교과서에 나오는 그림책을 활용한 수업을, 3학년과 4학년에게는 읽을 책을 고르는 다양한 방법을 가르쳤으며, 6학년에게는 정보를 활용할 때 지켜야 할 윤리를 수업 내용으로 삼는 식이다.

아이들이 나와 함께하는 수업을 통해 책과 도서관을 '정보의 저장소'가 아니라 '배움의 발판'으로 경험하도록 노력했다. 그러면서 사서이자 교사라는 내 정체성 역시 깊이 자각할 수 있었다.

네 번째 법칙은 '독자의 시간을 절약할 것.'이다. 초등학생의 쉬는 시간은 극히 짧다. 도서관에 오는 시간 2분, 책을 찾고 빌리는 시간 6분, 교실로 돌아가는 시간 2분이면 10분이 그냥 지나가 버린다. 그래서 도서관의 구조, 분류, 책 찾기 방식, 대출 시스템, 심지어 안내판의 문구까지도 이 원칙에서 자유로울 수 없다.

처음에는 아이들이 책을 찾지 못해 매번 나를 불렀고, 어떤 책이 어디 있는지 질문이 반복됐다. 그러는 통에 그들의 짧디짧은 쉬는 시간은 점점 줄어만 갔고, 끝내 책을 못 빌린 채로 허핍(虛乏)한 표정을 지으며 교실로 돌아가는 경우도 드물지 않았다. 나는 친구들과 수다를 떨거나 다른 재미있는 것을 찾아 뛰노는 대신 책과 도서관을 선택해 준 이 고마운 학생들에게 보답해야 했다.

우선 학생들이 어떤 책을 많이 이용하는지 유심히 관찰하여 원하는 책을 찾으러 가는 길에 최대한 많은 책에 노출될 수 있도록 도서관 내부 동선을 바꾸었다. 서가의 표지판과 표기 방식을 아이들 눈높이에 맞게 조정했으며, 자주 찾는 책들은 눈에 잘 띄는 자리에 별도의 서가를 두어 배치했다. 이 넷째 법칙의 존재 덕분에 나는 도서관을 '어른이 보기 좋은' 방식으로가 아니라 아이들의 자기 눈높이에서 이해할 수 있도록 구성할 수 있었고, 이것은 그들의 천금 같은 쉬는 시간을 아끼게 해주었다.

'도서관은 살아 있는 유기체'라는 것이 도서관학 5법칙의 마지막이다. 이 법칙은 도서관을 하나의 시스템이나 시설이 아닌, 변화하고 성장하는 존재로 바라보게 했다. 시간이 지나며 도서관을 찾는 아이들의 얼굴이 바뀌고, 인기 있는 책도 달라지고, 이용 방식도 자연스럽게 달라졌다. 도서관은 내가 만든 그대로 머물러 있지 않았다.

나는 여기에 교사로서의 이해를 덧씌우고자 했다. 똑같은 책을 가지고 수업하더라도 저학년 아이들과 고학년 아이들은 반응이 다르다. 찾아온 아이들이 몇 학년 몇 반이냐에 따라 수업 운영 방식도 조금씩 달라졌다. 도서관 수업은 교과 수업과 연결되기도 하고, 프로젝트 학습으로 확장되기도 했다. 도서관은 책 읽는 공간임과 동시에 교사와 학생이 함께 배우는 살아 있는 교실이기 때문이다.

그러므로 도서관을 유지한다는 것은, 변화하지 않도록 붙잡아두는 일이 아니라 변화를 감각하고 조율하며 수용하는 일이기도 했다. 특히 '혁신학교'라는 이름 아래 놓인 이 공간은, 누구보다 자라나는 사람들 속에서 자라야 할 도서관이라는 점에서, 이 마지막 법칙은 내게 무겁게 다가왔다.

이 다섯 가지 원칙은 도서관의 철학일 뿐만 아니라, 나라는 교사의 사고방식을 바꾸어 놓았다. '도서관을 채우는 것은 책이 아니라 사람'이라는 말은, 이제 상투적인 문장이 아니라 내 경험에서 우러나온 확신이다. 그 확신을 바탕으로, 나는 차암초등학교 도서관을 책과 사람이 만나고, 관계와 변화가 흐르는 공간으로 만들기 위해 오늘도 애쓰고 있다.

배운 대로 실천하며 도서관을 살아 있는 공간으로 가꾸어 가는 것은 보람찬 일이지만 모든 것이 순탄하지는 않았다. 혁신이라는 이름 아래 이루어진 일들이 긍정의 결과만 가져오는 것은 아니었다. '기존 것을 뜯어고쳐 근본적으로 새롭게 만든다'는 행위가 요구하는 에너지는 결코 적지 않기 때문이다.

애벌레가 번데기로, 번데기가 나비로 우화할 때, 그 생물은 스스로를 거의 해체하다시피 하며 전신을 재구성한다. 그것은 생물학적으로 불가역적인 변화이며, 생존을 건 진화이기도 하다.

교육 혁신도 마찬가지다. 겉보기에 더 새롭고 유의미한 방향으로 나아가는 듯하지만, 그 이면에서는 변화의 중심에 있는 교사와 학생, 구성원들의 지속적인 에너지 소모와 번아웃이 발생하고 있었다.

특히 학교 규모가 클수록 이런 문제는 더욱 불가피하다. 많은 사람의 뜻과 방향을 일치시키는 일은 늘 어렵고, '함께 만들어가는 학교'라는 이상적인 구호 아래서도 여전히 결정은 빠르게 내려지나 공유는 더디고, 참여는 보편적이되 체감은 개인적이지 못한 채 흘러가는 순간들이 있었다. 이런 점은 '혁신'이라는 단어가 품은 급진성 혹은 이상주의가 자칫 '현장의 온도'를 놓치는 결과로 이어질 수 있음을 느끼게 했다.

그래서 어느 순간부터 '혁신'보다는 '일신(日新)'이라는 단어를 마음에 품게 되었다. 나날이 새롭게 한다는 뜻의 '일신'은, 어제보다 나은 오늘, 오늘보다 더 나은 내일을 만들기 위한 점진적 변화의 정신을 담고 있다.

누군가를 끌고 가거나 강제하지 않으면서, 각자의 속도와 리듬에 맞게 조금씩 변화하고 성장하게 돕는 태도. 나는 그것이 이 도서관에서, 그리고 이 학교에서 지속 가능한 변화를 위한 더 현실적인 대안이라고 믿게 되었다.

화초를 기르거나 물고기를 키워 본 사람이라면 안다. 어떤 식물은 직사광선을 견디지 못하고, 어떤 어종은 수온이 조금만 달라져도 스트레스를 받는다. 생명은 모두 다르며, 환경에 따라 민감하게 반응한다.

학생과 교사 그리고 학교 역시 마찬가지다. 누구에게나 같은 빛, 같은 온도, 같은 조건을 적용하는 것은 생장을 방해할 수 있다. '변화'는 위에서 아래로 떨어지는 지시가 아니라, 각자의 특성을 섬세히 살피며 조율하는 일이어야 한다.

나는 변화를 멈추지 않되, 변화 방식을 묻고자 한다. 지속 가능한 변화, 각자의 삶과 조화를 이루는 변화, 성장을 돕는 변화를 만들기 위해 우리는 어떤 시선으로 임해야 할까.

내가 궁극적으로 바라는 것은, 이 학교 학생들이 책 읽는 행위를 강조해 마땅한 '특별한 활동'이 아니라 때가 되면 밥 먹고 잠자듯 '당연한 일상'으로 받아들이게 되는 것이다. 독서가 선택의 결과가 아니라 습관이 되고, 그 습관이 삶을 스스로 꾸려가는 기반이 되는 것. 그렇게 책과 도서관이 특별함을 넘어서서 '자연스러운 존재'가 되는 순간을 오늘도 나는 꿈꾸고 있기 때문이다.

이제 와 돌아보면, 그런 변화를 만드는 과정에서 정작 내가 학교의 다른 구성원들과 충분히 소통하지 못했던 순간들이 떠오른다. 도서관이라는 공간을 정비하고, 체계를 만들고, 프로그램을 운영하면서 내부의 논리와 효율성에 곧잘 매몰되었고, 다른 이들의 속도와 방식에 귀 기울이지 못한 채 독주하듯 일을 처리할 때가 있었다. 스스로를 '내부에서 출발하는 변화의 주체'라고 생각하면서도, 오히려 타인의 움직임을 이끌기보다는 배제한 적이 드물지 않았다는 사실을 늦게야 깨닫는다. 내가 하는 일들이 다른 교사들의 교실에서의 혁신과 학교 전체가 추구하는 비전에 과연 얼마만큼 도움이 되었는지 생각해 보면 부끄러

움마저 들 때가 있다.

이 글은 어떤 성과의 자랑이 아니라, 나 자신의 성찰과 다짐의 기록
이다. 지금 이 순간에도 나는 이 도서관을 매일 조금씩 새롭게 하려 하
고 있다. 앞으로도, 어제보다 더 나은 내일을 향해, 조금 더 천천히, 조
금 더 넓게. 변화를 멈추지 않을 것이다.

18

"혁신은 진행형, 6년째 혁신 중"

유선환(교사)

천안차암초등학교에서 학생, 학부모, 교사가 함께 배우고 나눈 지난 여섯 해의 학교생활을 차분히 돌아봅니다. 제가 부임한 2020학년도부터 현재까지, 혁신학교에서 겪은 도전과 배움, 그리고 작지만 분명한 변화를 모았습니다. 지나치게 철학적인 설명을 덜어내고, 현장에서 겪고 공감한 순간들에 집중했습니다. 읽는 동안 우리 학교의 하루가 떠오르길 바랍니다.

처음 학교에 오던 날의 공기가 지금도 기억납니다. '혁신학교'라는 이름은 낯설지 않았지만, 그 의미를 일상 속에서 어떻게 살아낼지는 온전히 제 몫이었습니다. 민주적 의사소통과 협의 문화, 배움 중심 수업이라는 말이 구호로만 남지 않도록 작은 실천부터 시작하려고 했습니다. 하루의 계획을 나누고, 아이들과 약속을 확인하고, 수업 후에는 짧은 성찰을 적기로 했습니다. 서두르지 않되 멈추지 않는 보폭으로 천천히 길을 내고 싶었습니다.

그러나 곧바로 예기치 못한 상황이 닥쳤습니다. 등교와 원격이 수시로 전환되던 2020년, 우리는 서로의 안부를 묻는 일부터 다시 배웠습니다. 학년부장으로서 동료들과 역할을 나눠 온라인 학습자료를 만들고, 영상 수업을 열고, 가정과 촘촘히 연락하며 균형을 찾았습니다. 화면 너머 아이들의 표정 하나하나에 마음이 갔고, 부모님들의 메시지에는 고마움과 걱정이 담겨 있었습니다. 협의하고 결정하며 책임을 나누는 문화가 흔들림 속에서도 우리를 붙들어 주었습니다.

아이들과의 온라인 다모임은 그때의 버팀목이었습니다. 서로의 하루를 나누고 어려움을 솔직하게 말하며 '오늘 내가 배운 것 하나'를 돌아보는 짧은 시간이 큰 위로가 되었습니다. 수업은 교과서 페이지를 넘기는 대신 생활과 이어지도록 고쳐 짰습니다. 건강 습관 점검, 가족 인터뷰, 생활 속 과학 관찰, 우리 동네 안전지도 만들기 같은 과제는 아이들의 집과 마을을 다시 보게 했습니다. 화면 속 박수와 이모티콘으로도 우리는 충분히 서로를 응원할 수 있었습니다.

마스크 속 답답한 코로나를 1년 이상 겪은 후에야 실외 현장 체험 활동이 조금씩 가능해지면서 배움의 무대를 다시 넓혔습니다. 학교 인근 숲으로 나가 밧줄놀이와 생태 관찰을 하고, 몸을 움직이며 배우는 시간을 꾸렸습니다. 관계 회복을 위해 놀이교육을 체계적으로 도입했고, 전래놀이와 표현 활동, 무용·국악 체험으로 아이들은 서로의 강점을 알아갔습니다. 무대 대신 운동장에서, 강당 대신 교실에서 열린 작은 공연은 누구에게나 열려있는 축제였습니다. 잊고 지냈던 웃음과 환호가 학교를 다시 채웠습니다.

우리는 과거로 돌아가려 하지 않았습니다. 부모님이 마을교사로 참여하도록 안내하고, 학교·가정·마을을 잇는 길을 차근차근 닦았습니다. 분기마다 간담회를 열어 수업과 학년·학급 운영에 대한 의견을 나누고, 약속은 기록으로 남겨 다음 해에도 이어가게 했습니다. 외부 강사 인력풀, 체험처와의 연락망을 정리해 지속 가능한 네트워크로 키웠고, 함께 만든 축제에서는 아이들이 기획·운영의 주인이 되었습니다.

민주적 경험은 특별한 행사보다도 준비 과정에서 가장 자연스럽게 자랐습니다.

　　민주적 학교문화는 작은 회의에서부터 시작되었습니다. 아이들은 학급의제를 스스로 제안하고, 서로의 의견을 듣고, 합의에 이르는 과정을 몸으로 익혔습니다. 생활 규칙도 이유를 먼저 묻고 대안을 찾아보며 함께 정했습니다. 전체 교직원회의는 자료 공유와 사전 숙의, 소그룹(실별) 논의 뒤 전체 합의를 거치게 했고, 누구나 참여할 수 있도록 문턱을 낮췄습니다. 때로는 느리게 돌아가더라도 설명하고 설득하는 시간을 충분히 두었습니다.

수업은 '진단—나눔—재구성—활동—성찰'의 흐름으로 했습니다. 아이들의 출발점을 살피고, 학년·전문적학습공동체에서 시안을 나누며, 핵심 개념과 성과물의 기준을 분명히 했습니다. 가능하면 교실을 나와 현장에서 배우고, 활동 후에는 서로의 배움을 소개하는 자리를 만들었습니다. 예를 들어 급식실 잔반을 줄이는 프로젝트에서는 관찰과 인터뷰, 자료 분석, 캠페인 기획과 실천, 결과 공유까지 하나의 배움으로 엮었습니다. 과제가 많아지는 대신 의미가 깊어지도록 균형을 살폈습니다.

사회정서 역량을 키우는 일은 교실의 작은 '동행' 루틴에서 시작했습니다. 아침 인사와 감정 체크, 주간 목표와 소소한 챌린지, 또래 중재 연습이 분위기를 안정시켰고, 여기에 '성장 포트폴리오'와 '러닝 쇼케이스'를 더해 배움 과정을 스스로 설명하게 했습니다. 학생들은 학기 말

자기 평가지를 작성하고 자신의 강점과 다음 학기(또는 다음 해)의 목표 등을 함께 이야기했으며, 초청 공개 시간에는 프로젝트 여정을 전시와 시연으로 보여주었습니다. 전학 온 친구를 맞을 때는 환영 카드와 학교 생활 안내 지도를 함께 준비해 빠르게 적응할 수 있도록 도왔습니다. 배려는 가르치는 것을 넘어, 함께 연습하고 확인하는 과정임을 자연스레 체감했습니다.

배움 과정은 다양한 방식으로 기록하고 나눴습니다. 짧은 글과 한 장의 사진에도 '왜, 무엇을, 어떻게'가 드러나게 했습니다. 소식지와 전시, 온라인 아카이브(밴드)로 학부모님과 연결했고, 받은 피드백은 다음 차시에 바로 반영했습니다. '우리 수업 어땠나요?' 같은 간단한 설문은 학생과 교사가 함께 수업을 바라보게 해주었습니다. 기록은 홍보가 아니라 공동체가 함께 배우는 방법임을 다시 확인했습니다.

물론 어려움도 적지 않았습니다. 일정과 안전, 예산과 인력, 평가와 기록까지 신경 써야 할 일들이 겹치면 숨이 찼습니다. 학생 의견을 반영하려면 시간이 더 필요했고, 계획을 바꾸는 결정을 내려야 할 때도 있었습니다. 그래서 '왜 하는지'와 '어디까지 할지'를 명확히 합의하고, 작게 시작해 점과 선을 이어 면으로 넓혀갔습니다. 개인의 열정에 기대지 않도록 연간 로드맵과 안전·의사소통 매뉴얼, 파트너 맵과 공유 폴더를 마련했습니다. 새로 합류한 교사도 흐름을 이어갈 수 있도록 안내서를 만들어 두었습니다.

우리 경험은 다른 학교에도 조심스레 건네고 싶습니다. 하루 10분 다모임만으로도 학급은 숨을 고르고, 서로의 목소리를 듣는 법을 배웁니다. 분기 한 번의 학부모와 만남의 기회는 학교와 가정의 기대를 맞추는 든든한 창이 됩니다. 프로젝트 수업은 '핵심 개념—진짜 과제—공유'라는 단순한 원칙만 지켜도 충분히 살아납니다. 마을 생태 지도를 만들고, 축제·전시·발표를 학생 운영 중심으로 전환하면 민주적 문화는 자연스럽게 자라납니다.

돌아보면 혁신학교는 특별한 프로그램의 이름이 아니라, 학교의 일상을 바꾸는 약속이었습니다. 서로의 다름을 존중하고, 문제를 함께 풀며, 배움을 삶과 잇는 태도가 그 약속의 내용이었습니다. 천안차암초등학교에서 보낸 여섯 해 동안 저는 그 약속이 어떻게 가능해지는지, 또 왜 때로는 어려운지를 배웠습니다. 앞으로도 아이들이 스스로 배우고 서로를 돌보는 시민으로 자라도록 교실과 학교, 마을을 부드럽게 이어 가겠습니다. 작은 시작이 모여 큰 변화를 만든다는 믿음을 놓지 않겠습니다. 혁신은 '~ing'입니다.

새싹에서 씨앗으로 자라나는 차암 좋은 혁신학교

삶의 행복을 꿈꾸는 교육은 어디에서 오는가?

● **교육혁명을 앞당기는 배움책 이야기** 혁신교육의 철학과 잉걸진 미래를 만나다!

미래 100년을 향한 새로운 교육

혁신교육을 실천하는 교사들의 필독서

● **비고츠키 선집 시리즈** 발달과 협력의 교육학 어떻게 읽을 것인가?

혁신학교	성열관·이순철 지음 l 224쪽 l 값 12,000원
행복한 혁신학교 만들기	초등교육과정연구모임 지음 l 264쪽 l 값 13,000원
서울형 혁신학교 이야기	이부영 지음 l 320쪽 l 값 15,000원
혁신교육, 철학을 만나다	브렌트 데이비스·데니스 수마라 지음 l 현인철·서용선 옮김 l 304쪽 l 값 15,000원
대한민국 교사, 어떻게 가르칠 것인가?	윤성관 지음 l 320쪽 l 값 15,000원
아이들을 어떻게 가르칠 것인가	사토 마나부 지음 l 박찬영 옮김 l 232쪽 l 값 13,000원
모두를 위한 국제이해교육	한국국제이해교육학회 지음 l 364쪽 l 값 16,000원
경쟁을 넘어 발달 교육으로	현광일 지음 l 288쪽 l 값 14,000원
혁신교육 존 듀이에게 묻다	서용선 지음 l 292쪽 l 값 16,000원
다시 읽는 조선 교육사	이만규 지음 l 750쪽 l 값 37,000원
교실 속으로 간 이해중심 교육과정	온정덕 외 지음 l 224쪽 l 값 13,000원
대한민국 교육혁명	교육혁명공동행동 연구위원회 지음 l 224쪽 l 값 12,000원
포스트 코로나 시대의 교육	성열관 외 지음 l 224쪽 l 값 15,000원
내일 수업 어떻게 하지?	아이함께 지음 l 300쪽 l 값 15,000원
핀란드 교육의 기적	한넬레 니에미 외 엮음 l 장수명 외 옮김 l 456쪽 l 값 23,000원
한국 교육의 현실과 전망	심성보 지음 l 724쪽 l 값 35,000원
독일의 학교교육	정기섭 지음 l 536쪽 l 값 29,000원
교실 속으로 간 이해중심 통합교육과정	온정덕 외 지음 l 224쪽 l 값 15,000원
초등 백워드 교육과정 설계와 실천 이야기	김병일 외 지음 l 352쪽 l 값 19,000원
학습격차 해소를 위한 새로운 도전 보편적 학습설계 수업	조윤정 외 지음 l 240쪽 l 값 15,000원

● 경쟁과 차별을 넘어 평등과 협력으로 미래를 열어가는 교육 대전환! 혁신교육 현장 필독서

학교의 미래, 전문적 학습공동체로 열다	새로운학교네트워크·오윤주 외 지음 l 276쪽 l 값 16,000원
마을교육공동체 생태적 의미와 실천	김용련 지음 l 256쪽 l 값 15,000원
학교폭력, 멈춰!	문재현 외 지음 l 348쪽 l 값 15,000원
학교를 살리는 회복적 생활교육	김민자·이순영·정선영 지음 l 256쪽 l 값 15,000원
삶의 시간을 잇는 문화예술교육	고영직 지음 l 292쪽 l 값 16,000원
미래교육을 디자인하는 학교교육과정	박승열 외 지음 l 348쪽 l 값 18,000원
코로나 시대, 마을교육공동체운동과 생태적 교육학	심성보 지음 l 280쪽 l 값 17,000원